MÉDIATION, ÉCOLOGIE, ENVIRONNEMENT, ET INTELLIGENCE ARTIFICIELLE

Le droit aujourd'hui

La collection « Le droit aujourd'hui » regroupe des études juridiques concernant des problèmes d'actualité nationale et internationale, dans divers domaines (éthique, politique, questions de société…).

Dernières parutions

François GERBER, *Tempête Xynthia. La responsabilité des acteurs locaux dans les conséquences de la submersion*, 2023.

Olivier SALOMON, *Interprétation artistique et propriété intellectuelle, Essai d'une théorie du voisinage des droits exclusifs au sein de la propriété littéraire et artistique*, 2023.

Sarah TOUBAL, *Le rebond du débiteur. Contribution à l'étude du droit de la défaillance économique*, 2023.

Claire BORREL, Loïc PELISSIER, Abélisse PINCHON, *Altruisme et Droit*, 2023.

Cristina Elena POPA TACHE, *Le dynamisme du droit international public contemporain et la transdisciplinarité*, 2023.

Charles COLOMAR, *Le droit de l'art en question(s). 20 réponses juridiques sur des thématiques artistiques*, 2023.

Marcel Yannick MISONGUI, *La protection juridictionnelle par la Cour de justice dans l'ELSJ et la PESC après le Brexit*, 2023.

François CAMPAGNOLA, *Précis de droit de l'énergie*, 2023.

Sébastien DEMAY, *La charge de travail à l'ère du numérique*, 2023.

Meganne NATALI, *Le droit international face au trafic illégal de biodiversité sauvage*, 2023.

Rahma BENTIROU MATHLOUTHI (dir.), *Proportionnalité, droits fondamentaux et juge, Proportionality, fundamental rights and judges*, 2023.

Aécio Filipe COELHO FRAGA DE OLIVEIRA, *L'exécution des mesures à titre provisoire rendues par un tribunal arbitral situé à l'étranger*, 2022.

Sous la direction de
Béatrice Blohorn-Brenneur

MÉDIATION, ÉCOLOGIE, ENVIRONNEMENT, ET INTELLIGENCE ARTIFICIELLE

GEMME France

L'Harmattan

CIM
International mediation council
Conseil international de la médiation

Actes du colloque de Strasbourg,
Conseil de l'Europe
25 et 26 mai 2023
Célébration des 20 ans de la création de GEMME

Le GROUPEMENT EUROPEEN DES MAGISTRATS POUR LA MEDIATION (GEMME), *créé en 2003, a pour vocation de regrouper les juges qui œuvrent pour développer la conciliation et la médiation au sein des 28 pays de l'Union européenne*

Le CONSEIL INTERNATIONAL DE LA MEDIATION (CIM) *créé en 2009, a pour but de favoriser l'implantation de la médiation dans tous les systèmes de droit. Il encourage un enseignement de pointe et la mise en place d'un réseau mondial autour de la médiation*

Les IXèmes assises internationales de la médiation ont été organisées par la section française du Groupement Européen des Magistrats pour la Médiation (GEMME-France) et par le Conseil Internationale de la Médiation (CIM), avec la collaboration des Avocats de la Paix et de la Fédération Française des Centres de Médiation (FFCM).

5-7, rue de l'Ecole-Polytechnique, 75005 Paris
www.harmattan.fr
ISBN : 978-2-336-44446-8
EAN : 9782336444468

REMERCIEMENTS

Nous remercions chaleureusement tous ceux qui ont contribué à la réussite de ces IXes assises internationales et notamment :

- M. DUPOND-MORETTI, garde des Sceaux, ministre de la Justice, qui a accordé son haut patronage et a ouvert ces assises internationales,
- M. Guy CANIVET, premier président honoraire de la Cour de cassation, ancien membre du Conseil constitutionnel, et président fondateur de GEMME sans qui GEMME n'existerait pas
- et Monsieur Francis DANGEL, directeur général de l'administration au secrétariat du Conseil de l'Europe qui nous a accueillis au Palais de l'Europe.

Et tous les intervenants venus de plusieurs pays du monde pour leur soutien et la qualité de leurs interventions :

Anne-Laure BRUN-BUISSON, Louise OTIS, Nicolas LE MÉHAUTÉ, Séverine CARREZ, Myriam BACQUÉ, Linda BENRAÏS, Bruno DEFFAINS, Gilles Robert LOPEZ, Elisabeth S. STONG, Jordi NIEVO-FENOLL, Félix BRAUN.

Nous remercions également ceux qui ont travaillé à l'élaboration de cet ouvrage :

- François STAECHELÉ, président honoraire du tribunal de Grande Instance de Metz, secrétaire général de GEMME-France et chargé de communication et de CIM
- Sarah HARTMANN-LOMBARD : gestionnaire de projet, consultante en e-commerce.

SOMMAIRE

PREMIÈRE PARTIE

LA MÉDIATION ENVIRONNEMENTALE

À l'aube du 3e millénaire, l'être humain est amené à une prise de conscience : il réalise que la nature qu'il a voulu dominer jusqu'ici devait être respectée et que l'homme n'est qu'un élément de la nature dans laquelle il doit vivre en harmonie.

Les êtres vivants interagissent entre eux et avec leur milieu. Ils sont confrontés aux problèmes du dialogue territorial, du partage des ressources, des besoins des êtres vivants non humains et de la place de la nature dans notre société. La médiation écologique nous amène à repenser notre place sur la planète et à faire évoluer celle de la nature.

La définition à donner à la médiation environnementale est floue. Il y a une multitude de styles de médiations et de domaines d'intervention : le dialogue territorial, le partage des ressources (eaux, forêts, espaces publics), les défis posés par les changements climatiques, les travaux ruraux, urbains, maritimes, ou les projets de développement industriel, d'aménagement du territoire ou des rivières (qui pose le problème des besoins des vivants non humain, animaux aquatiques et terrestres). De multiples acteurs sont concernés (les institutions, entreprises, associations, élus, riverains, agriculteurs).

Cet ouvrage abordera l'étude de la médiation environnementale sous l'angle d'un processus du mieux-vivre ensemble dans et avec notre environnement naturel. Le but de la médiation environnementale est de favoriser une coexistence harmonieuse entre les êtres humains, les autres espèces et leur environnement. Elle peut contribuer à construire une vision collective et à réconcilier les intérêts particuliers avec l'intérêt général.

Nous étudierons ces points dans les chapitres suivants :

I. Les médiations environnementales au service du dialogue territorial

II. Écologie, environnement et projet. La médiation environnementale, médiation de projet.

III. Place des absents en médiation environnementale : intégration du grand public et des vivants non humains dans un dispositif de médiation de projet.

IV. « L'écomédiation » : pourquoi faut-il s'autoriser à faire différemment ?

V. Une médiation de projet inédite en matière environnementale. « Faciliter le dialogue entre riverains et agriculteurs sur les pratiques agricoles en campagne rochelaise ».

VI. La médiation en matière de responsabilité sociétale des entreprises (R.S.E.), business -droits de l'homme-, une pédagogie et un remède au service du devoir de vigilance des entreprises.

VII. La médiation face au défi de l'environnement, l'exemple du devoir de vigilance.

VIII. Un exemple de médiation dans un cadre juridique complexe : préjudice d'anxiété, amiante.

CHAPITRE I

Les médiations environnementales au service du dialogue territorial

Anne-Laure **BRUN-BUISSON**, *avocate de formation, médiatrice (notamment auprès de collectifs en tension dans différents contextes professionnels, sociaux, environnementaux), formatrice, notamment responsable du module « le développement des médiations environnementales » d'IFOMENE.*

La vie des territoires est émaillée de situations dans lesquelles la médiation peut permettre la résolution des tensions par le dialogue : le partage des ressources (l'eau, la forêt, l'espace public en général…), l'aménagement, l'énergie… Les sujets environnementaux traversent l'ensemble des éléments constitutifs de cette vie (usages communs des espaces, gestion des ressources, lieux de vie, de travail, d'histoire, de mémoire, de « socialisation »...). Ils concernent par conséquent de multiples acteurs (institutions, entreprises, associations, élus, agents, experts, citoyens, riverains, militants…) qui ont des priorités, des visions, des modalités d'expression, des motivations, un rapport au temps et à l'objet du dialogue… fort différents.

L'environnement est donc au cœur de préoccupations et d'intérêts fortement antagonistes, qui vont des traditionnels conflits d'usages relevant du quotidien de la vie locale à des oppositions politiques violentes. S'ajoute à cela une anxiété grandissante, directement liée aux défis que pose le changement climatique. Or, l'attente de « réponses » sur ces sujets se heurte à des choix politiques, stratégiques, individuels et collectifs qui peinent à articuler efficacement les différents horizons et besoins des acteurs concernés.

En parallèle, les nouvelles pratiques de la délibération publique interrogent les principes mêmes de la démocratie représentative, en particulier s'agissant des sujets liés à l'environnement puisque la charte de l'environnement consacre en son article 7 le droit des citoyens d'être informés et de prendre part à l'élaboration de toute décision liée à son environnement[1].

Mais comment permettre cette participation et construire les « réponses » aux défis environnementaux, dans un contexte où la demande de participation citoyenne soulève elle aussi des résistances ? Si les décideurs politiques se plient en effet à leurs obligations et à la demande des « administrés » en matière de participation, c'est en effet bien souvent avec la crainte sous-jacente de ne pas en maîtriser l'issue. Pourtant, la Commission nationale du débat public (CNDP) relève que « *Le droit de*

---

[1] Article 7 de la charte de l'environnement : « Toute personne a le droit, dans les conditions et limites définies par la loi, d'accéder aux informations relatives à l'environnement détenues par les autorités publiques et de participer à l'élaboration des décisions publiques ayant une incidence sur l'environnement. »

l'environnement a joué un rôle majeur dans l'évolution et la transcription juridique du principe de démocratie participative. »[1]

Parce qu'elles sont précisément au croisement des sujets environnementaux et de vie démocratique, dans un contexte de polarisation des débats, les médiations environnementales proposent un cadre qui permet l'élaboration collective et l'articulation des tensions nées de la confrontation, qu'il s'agisse de projets ou de conflits.

De quoi s'agit-il ?

Les médiations environnementales sont des processus structurés qui permettent aux acteurs concernés par les enjeux environnementaux d'un conflit ou d'un projet de trouver ensemble des voies de résolution de conflits liés à l'environnement et/ou d'élaborer ensemble des normes communes, des modalités de proposition, de définition, de construction et/ou de pilotage d'un projet.

Ces processus prennent des formes variées et nécessairement « sur mesure », organisées par un tiers, le médiateur, qui, comme dans toute médiation, sans apporter d'expertise ou de point de vue sur le fond, pose un cadre et anime les échanges. Il facilite ainsi l'émergence d'un dialogue permettant à ces acteurs de construire ensemble une réalité commune, d'aboutir à un compromis.

Qu'elles concernent un conflit ou un projet, les médiations environnementales se caractérisent par la multiplicité des acteurs, leurs visions fortement antagonistes, des problématiques complexes et enchevêtrées, une dissociation de la délibération et de la décision.

Elles comportent toujours trois phases :

---

[1] https://www.debatpublic.fr/participation-et-environnement-692#scrollNav-4

1. La préparation

Elle permet au médiateur de préparer l'espace de médiation et de répondre aux besoins de la situation, qu'il s'agisse d'un projet ou d'un conflit, autour des questions préalables suivantes :

- Quel système d'acteurs autour de ce projet ou de ce conflit ?
- Quel est l'objet de la médiation ?
- Quel statut sera donné aux échanges : s'agit-il de délibérer ? De décider ? Les deux ? Bien souvent, et c'est une spécificité de ces médiations, elles dissocient la délibération de la décision, cette dernière revenant aux élus.
- Quelle suite sera donnée aux échanges ?
- Quelles étapes ?

Ces questions qui permettent de construire l'espace de médiation sont fondamentales, car elles déterminent la confiance qu'auront les participants dans le processus engagé et dans le médiateur. Elles sont à clarifier de manière très précise avec le « commanditaire » de la médiation. Dans le cadre d'une médiation de projet environnemental comme le verdissement d'une cour d'école par exemple, les enjeux sont multiples et le système d'acteurs complexe[1]. Ils doivent être compris par le médiateur pour bien définir avec le commanditaire l'objet du dialogue et ce qui en sera fait ensuite. L'un des enjeux de ces médiations est en outre de permettre à chacun de s'exprimer à partir d'une « place de parole » située selon son lien avec le projet, mais aussi selon le lieu de son expertise (expertise d'usage, expertise de la décision politique, expertise technique, etc.). Par ailleurs, toutes les composantes d'un pro-

---

[1] Voir à titre d'exemple cet article du CEREMA : https://www.cerema.fr/fr/actualites/pourquoi-comment-vegetaliser-cours-ecole

jet de cette nature ne sont pas ouvertes au dialogue, certains éléments n'étant pas négociables (prérequis techniques, contraintes budgétaires, le temps).

En fonction de ces éléments d'analyse, le médiateur proposera différentes étapes pour le processus de médiation.

Cette première étape comporte finalement une dimension « diagnostique », préalable indispensable qui est fort bien mis en évidence par Jean-Eudes Beuret et Anne Cadoret à travers l'analyse de trois conflits portuaires (Le Havre, Dunkerque et Marseille Fos).[1]

2. Le déroulé

Les sujets sont complexes et pour permettre le dialogue, c'est-à-dire la co-élaboration, il est nécessaire de l'organiser. Sans entrer ici dans le détail des différentes formes que peut prendre le dialogue sur les projets ou les conflits environnementaux, on retiendra simplement pour se convaincre de la nécessité de son organisation, l'analyse que proposait Sigmund Freud de « la foule », à partir des travaux de Gustave Lebon : « *Je laisse ici la parole à le Bon*[2]. *Il dit (...) "le fait le plus frappant présenté par une foule psychologique est le suivant : quels*

---

[1] « De l'analyse des conflits des conflits à l'étude des systèmes conflictuels : l'exemple des conflits environnementaux et territoriaux dans les trois plus grands ports maritimes français (Marseille-Fos, Le Havre et Dunkerque) » Jean-Eudes Beuret, Anne Cadoret Lavoisier | « Géographie, économie, société » 2014/2 Vol. 16 | pages 207 à 231 ISSN 1295-926x ISBN 9782743020002
Article disponible en ligne à l'adresse : https://www.cairn.info/revue-geographie-economie-societe-2014-2-page-207.htm
Distribution électronique Cairn.info pour Lavoisier. © Lavoisier. Tous droits réservés pour tous pays.

[2] Sigmund Freud « Psychologie des foules et analyse du moi » Petite Biblio Payot
Classiques. Suivi dans cette édition du texte contemporain de Gustave Le Bon « Psychologie des foules », Le Bon « Psychologie des foules », publié en 1895

que soient les individus qui la composent, quelque semblable ou dissemblable que puissent être leur genre de vie, leurs occupations, leur caractère ou leur intelligence, le seul fait qu'ils sont transformés en foule les dote d'une sorte d'âme collective". Cette âme les fait sentir, penser et agir d'une façon tout à fait différente de celle dont sentirait, penserait et agirait chacun d'eux pris isolément. »

Le médiateur gardera par conséquent à l'esprit, comme « fil rouge » du dispositif de médiation, qu'il devra permettre l'expression de chacun, quel que soit le nombre de participants, pour construire une vision collective à partir des singularités.

3. La suite

La médiation environnementale organise sa propre suite, c'est à dire la manière dont le collectif poursuivra le dialogue, sans le médiateur, qu'il s'agisse de piloter un projet ou de stabiliser l'issue d'un conflit. Là encore, il s'agit d'un élément caractéristique de ces médiations.

Sur la structuration de ce processus, on pourra se référer à l'ouvrage de Nicolas Le Méhauté « Médiations environnementales : pour construire un monde commun » publié chez Ères, dans la collection Trajets.

De quels sujets traitent les médiations environnementales ?

Les médiations environnementales peuvent concerner :

- Le changement climatique au sens large et l'adaptation des acteurs économiques (collectivités territoriales, entreprises, association, services publics, riverains…)
- Les territoires ruraux, urbains, maritimes…
- Les projets d'aménagement du territoire
- Les conflits d'usage

- Les conflits à dominante environnementale liés aux ressources et aux espaces (eau, air, forêt, rivière, montagne, agriculture, élevage, énergie…), à l'évolution d'un territoire (contestation des projets d'aménagement du territoire, contestation d'un projet de développement industriel…)
- Etc.

À qui s'adressent-elles ?

Les médiations environnementales peuvent être initiées par toute partie prenante d'un conflit ou d'un projet qui comporte des enjeux environnementaux : élus locaux, agents des collectivités, citoyens, aménageurs, riverains, entreprises, écoles, associations, etc.

Le médiateur, indépendant, est au service de tous les acteurs de ce dialogue, quel que soit son « commanditaire ».

Une posture spécifique pour le médiateur

Dans le cadre des médiations environnementales, il n'est en général pas question du partage des coûts de la médiation entre les différents acteurs. Le médiateur est le plus souvent sollicité par l'un des acteurs du projet ou du conflit, souvent la puissance publique (une collectivité par exemple) ou l'industriel qui cherche à s'implanter sur un territoire. Il doit néanmoins dès le travail de préparation se mettre au service de tous les acteurs concernés (les « parties prenantes ») par le projet ou le conflit et donc par le dialogue. Son indépendance sera, comme dans toute médiation, le gage de la confiance qu'auront les participants dans la qualité du processus suivi et par conséquent de la solidité des accords qui en découleront.

Quel avenir pour les médiations environnementales ?

Dans leur analyse des conflits environnementaux, Nathalie Boutin, Pierre Batteau et Solange Hernandez relèvent que « *l'hétérogénéité des bases de connaissance et des systèmes de valeurs qui sous-tendent les décisions individuelles et institutionnelles, publiques ou privées, entretient de façon permanente un potentiel conflictuel dans les interactions des humains avec les éléments et les milieux naturels et la biodiversité.* »[1]

Or, les sujets de tensions, s'agissant notamment du partage des ressources, ne manquent malheureusement pas. Prenons l'exemple récent des méga-bassines dans les Deux-Sèvres qui fait déclarer à Basile, 20 ans, interrogé au milieu des 5 000 manifestants présents ce jour de mars 2022 « *C'est Mad Max, mais en vrai* »[2].

Sur ce seul sujet du partage des ressources, dont chacun mesure à la fois l'urgence et les enjeux, le professeur Benoît Grimonprez, conclue l'un de ces (très nombreux) articles sur ce sujet dans la revue juridique de l'environnement en insistant sur la nécessité de penser une stratégie de gestion à « construire collectivement » à l'échelle des territoires. Il conclut ainsi que « la difficulté de la tâche ne peut être niée, mais elle est la seule voie d'un changement local qui soit à la mesure du changement global »[3].

Les médiateurs ont un rôle majeur à jouer pour accompagner cette indispensable et complexe construction collective.

---

[1] BOUTIN Nathalie, BATTEAU Pierre, HERNANDEZ Solange et al., « 03. Conflits environnementaux, milieux naturels et décisions publiques : étude de deux cas industriels », Politiques & management public, 2019/2 (N° 2), p. 141-167. DOI :
10.3166/pmp.36.2019.00011.

[2] Le Monde 31 mars 2022 « Dans les Deux-Sèvres, les mégabassines agricoles font déborder le vase »

[3] Grimonprez, Benoît. « Le stockage agricole de l'eau : l'adaptation idéale au changement climatique ? », Revue juridique de l'environnement, vol. 44, no. 4, 2019, pp. 751-767.

CHAPITRE II

La médiation environnementale et la médiation de projet

***Louise OTIS**, ancienne juge de la Cour d'appel du Québec, présidente du tribunal administratif de l'OCDE et du tribunal d'appel de l'OIF, présidente d'honneur et co-fondatrice du CIM.*

LA MÉDIATION ENVIRONNEMENTALE À L'ÈRE DE LA CRISE CLIMATIQUE

1. La crise climatique

Les ressources naturelles sont trois fois plus exploitées qu'elles ne l'étaient il y a 50 ans[1] et 80 % de l'énergie pro-

[1] ONEP et Panel international des ressources, *Perspectives des ressources mondiales 2019 : des ressources naturelles pour l'avenir que nous voulons*, Nairobi, 2019, https://www.resourcepanel.org/fr/rapports/perspectives-des-ressources-mondiales, p. 5.

duite dans le monde est toujours issue des combustibles fossiles[1]. Chaque année, nous rejetons toujours plus de gaz à effet de serre dans l'atmosphère, le mercure continue de monter à des niveaux encore jamais observés[2] et les forêts s'embrasent aux quatre coins du globe[3].

Des inondations incommensurables sont à prévoir avec la fonte des glaciers[4] et les 8,8 millions de tonnes de plastique qui se retrouvent chaque année dans nos océans affectent directement la faune marine et ont un impact considérable sur l'écosystème marin[5]. De surcroît, nos ressources hydrauliques mondiales reçoivent 300 à 400 millions de tonnes de métaux lourds, de solvants et de boues toxiques par année[6]. La fonte des glaciers et du per-

---

[1] REN21, « Renewables 2021 Global Status Report », *REN21 Renewables Now*, https://www.ren21.net/gsr-2021/chapters/chapter_01/chapter_01/ [consulté le 17 mai 2023], Chapitre 1, Figure 2. 2022 Statistical Review of World Energy (Revue statistique de l'énergie mondiale).

[2] GIEC, *Sixth Assessment Report : Summary for Policymakers*, 2023, https://www.ipcc.ch/report/ar6/syr/downloads/report/IPCC_AR6_SYR_SPM.pdf?fbclid=IwAR3lS4hZjK5XOlY8_PhDcavM8MJpYZf5HLv1S88cI3t2vC-xEQY-SpmUu8A, p. 4.

[3] Alexandra Tyukavina, Peter Potapov, Matthew C. Hansen, Amy H. Pickens, Stephen V. Stehman, Svetlana Turubanova, Diana Parker, Viviana Zalles, André Lima, Indrani Kommareddy, Xiao-Peng Song, Lei Wang et Nancy Harris, « Global Trends of Forest Loss Due to Fire From 2001 to 2019 », *Front. Remote Sens.* Vol. III, mars 2022, doi: 10.3389/frsen.2022.825190, pp. 1-3.

[4] Caroline Taylor, Tom R. Robinson, Stuart Dunning, J. Rachel Carr et Matthew Westoby, « Glacial lake outburst floods threaten millions globally », *Nature communications*, vol XIV, n° 487, 2023, https://doi.org/10.1038/s41467-023-36033-x, p. 2.

[5] Jenna R. Jambebeck, Roland Geyer, Chris Wilcox, Theodore R. Siegler, Miriam Perryman, Anthony Andrady, Ramani Narayan et Kara Lavender Law, « Plastic waste inputs from land into the ocean », *Science*, vol. CCCXLVII, n° 6223, 13 février 2015, DOI: 10.1126/science.1260352, pp. 768-771.

[6] IPBES, *Le rapport de l'évaluation mondiale de la biodiversité et des services écosystémiques : résumé à l'intention des décideurs*, 2019, https://www.ipbes.net/sites/default/files/2020-02/ipbes_global_assessment_report_summary_for_policymakers_fr.pdf, p. 28.

gélisol annonce la croissance du niveau de mercure et la dispersion massive des substances toxiques dans l'eau[1].

En ce qui concerne la biodiversité, un million d'espèces et de plantes sont actuellement menacées d'extinction[2]. L'ensablement s'accentue dans les pays du nord du Sahara[3]. En Mauritanie, le Sahara progresse chaque année de plusieurs kilomètres[4].

2. La négociation des accords

En décembre 2015, au terme de longues négociations, la communauté internationale a convenu d'un accord visant à enrayer les changements climatiques par la diminution des gaz à effet de serre[5]. Entré en vigueur en 2016[6], cet accord fixe un objectif global de maintien de l'augmentation de la température en dessous de deux degrés[7]. Bien que les objectifs des nations soient volontaires, les États signataires ont consenti à rendre compte de leurs efforts et, conséquemment, à collaborer au travers de compilations internationales reprenant les actions clima-

---

[1] Giec, *Special report on the ocean and cryosphere in a changing climate : summary for policymakers*, 2019, https://www.ipcc.ch/site/assets/uploads/sites/3/2022/03/01_SROCC_SPM_FINAL.pdf, p. 15.

[2] IPBES, *op. cit.*, p. 12.

[3] Sous-Division de la conservation des forêts et des espaces naturels Division des ressources forestières Département des forêts de la FAO, *Cahiers FAO Conservation n° 18 : Manuel de fixation des dunes*, Rome, 1988, chap. 1, sous-section 1.1, https://www.fao.org/3/t0492f/t0492f03.htm.

[4] FAO, *Lutte contre l'ensablement : l'exemple de la Mauritanie*, Rome, coll. « Étude FAO : Forêt », 2010, p. 1.

[5] *Accord de Paris*, 12 décembre 2015, R.T.N.U., en ligne : <https://unfccc.int/sites/default/files/french_paris_agreement.pdf> [consulté le 1er juin 2023] (ci-après « Accord de Paris »).

[6] ONU, « Accord de Paris », *Collection des traités*, https://treaties.un.org/Pages/ViewDetails.aspx?src=IND&mtdsg_no=XXVII-7-d&chapter=27&clang=_fr, [consulté le 20 mai 2023].

[7] Art. 2(1)a) de l'Accord de Paris.

tiques entreprises et leurs résultats concrets[1]. Néanmoins, puisqu'il n'existe pas de Cour internationale de l'environnement ni aucun moyen coercitif transnational pour obliger les États à respecter leurs engagements environnementaux, cette obligation de transparence demeure l'une des seules mesures à laquelle les signataires se sont astreints.

L'Accord de Paris et les ententes successives basées sur la collaboration et la coopération des États parties aux négociations sont le fruit d'un consensus émanant de longues et ardues négociations. Le traité sur la haute mer[2], qui vient d'être conclu afin de protéger les hautes eaux situées à plus de 377 km des côtes, doit être salué. Toutefois, ce traité a nécessité quinze ans de négociation, dont quatre ans de tractations serrées et constantes. Ces eaux représentent 60 % des océans et près de la moitié de la planète[3]. L'humanité a atteint un point de non-retour et n'a plus le luxe planétaire de si longues négociations. Le temps est venu de revoir les modes de conclusion de ces accords afin d'intégrer l'efficacité et la rapidité dans la pluralité des échanges. La décennie dans laquelle nous sommes engagés sera déterminante[4]. Il va falloir accentuer la collabora-

---

[1] Art. 4(9)(13)(19) et 14 de l' Accord de Paris.

[2] « La haute mer commence là où s'arrêtent les zones économiques exclusives (ZEE) des États, à un maximum de 200 milles nautiques (370 km) des côtes, et n'est donc sous l'autorité d'aucun État ». Radio-Canada, « Protection de la haute mer : les États membres de l'ONU parviennent à un accord », *Environnement*, https://ici.radio-canada.ca/nouvelle/1960801/traite-haute-mer-siganture-protection-ecosysteme-marin?fbclid=IwAR35dM_2Fkoxc1y_uMHSZ7Lm_Dq4RnfbgadvHdGSZs-bXfDBfn-SKs-yqik, [consulté le 20 mai 2023] ; UNEP, « Le traité sur la haute mer lance une bouée de sauvetage à la biodiversité marine », *Récit*, https://www.unep.org/fr/actualites-et-recits/recit/le-traite-sur-la-haute-mer-lance-une-bouee-de-sauvetage-la-biodiversite, [consulté le 25 juin 2023].

[3] *Idem.*

[4] MCC, « That's how fast the Carbon Clock is ticking », *Remaining carbon budget*, https://www.mcc-berlin.net/en/research/co2-budget.html, [consulté le 20 mai 2023]. Cet organisme prévoit, qu'au rythme actuel, nous épuiserons

tion et la coopération avec une efficacité démesurée, extraordinaire, afin de créer de nouvelles voies d'accès vers un contrat social mondial.

3. La médiation environnementale

Depuis plusieurs décennies, la médiation constitue un phénomène transcendant dans l'histoire du droit moderne et contribue à la reconstruction de la justice sociale. Les méthodes de négociation traditionnelle – face à face – qui caractérisent le processus de conclusion de plusieurs accords environnementaux doivent céder le pas à la médiation environnementale.

Le temps est venu d'inclure les grands médiateurs dans les négociations environnementales mondiales. Nous n'avons plus le luxe des longues négociations comme nous le faisons depuis 30 ans. La crise environnementale que nous vivons maintenant est complexe et dynamique en ce qu'elle évolue rapidement. On ne peut rester amarrer aux méthodes traditionnelles de négociation qui ne sont plus adaptées à un contexte évolutif qui commande un processus décisionnel accéléré. Combien de temps sera consacré à tenter de s'entendre sur l'article 6 de l'Accord sur les modalités d'échange de crédits de carbone entre pays ?

Les médiateurs sont des tiers neutres, impartiaux et indépendants qui permettront d'accélérer et de générer la conclusion d'accords climatiques[1]. Des médiateurs qui ont voyagé aux confins de l'âme humaine dans le cours de leur vie professionnelle et qui en connaissent les moindres recoins. Ceux et celles qui savent lire les hésitations, le

---

notre « budget » d'émissions carboniques pour limiter le réchauffement planétaire à 1,5 °C dans environ six ans.

[1] Louise Otis, « La Médiation environnementale au temps des changements climatiques », *Lettres des médiations*, n° 9, 2020, https://louiseotis.com/wp-content/uploads/2020/07/Lettre-des-Médiations-numéro-9.pdf, p. 43.

langage du corps, les inflexions de la voix[1]. On ne devient pas médiateur sur le champ. C'est un métier et parfois un art.

En 2015, le « *Natural Resources and Conflict : A Guide for Mediation Practitioners* » a été conçu et publié par le Programme des Nations Unies pour l'environnement (PNUE)[2]. Dans ce guide destiné aux médiateurs, le PNUE illustre le cheminement analytique de la médiation environnementale par des cas réels survenus sur les cinq continents.

Ayant déjà pris part à des médiations environnementales au Canada, j'ai été appelée à partager les liens qu'il est possible de tisser entre la médiation environnementale nationale et internationale.

La médiation tenue sous l'égide des Nations Unies fait intervenir les textes des organes législatifs de l'Organisation. Ainsi la Charte des Nations Unies, les Bulletins du Secrétaire général, les résolutions du Conseil de sécurité et de l'Assemblée générale guident la médiation et offrent aux médiateurs la légitimité requise[3]. Ces normes juridiques ne sont pas applicables à la médiation nationale régie par les lois de chaque pays. Néanmoins, force est de constater que les techniques de médiation nationale et internationale présentent de nombreuses similarités dans le contexte des différends environnementaux. En effet, ces deux types de médiation évoluent selon une approche processuelle semblable : une phase préliminaire d'évaluation, une phase préparatoire ainsi qu'une phase de

---

[1] *Idem.*

[2] UNEP, « Natural Resources and Conflict : A Guide for Mediation Practitioners », 2015, https://wedocs.unep.org/bitstream/handle/20.500.11822/9294/-Natural_resources_and_conflic.pdf?sequence=2&amp%3BisAllowed=&fbclid=IwAR170cQUFv-851WYwa5VVhzjGg0PT2RXEfuj7L8tt51wBWEbT1Bc_b_GHd8.

[3] *Idem.*, pp. 86 et 87.

médiation et de mise en œuvre lorsque les parties conviennent d'une entente[1].

a. La phase préliminaire d'évaluation

La première étape consiste à évaluer le différend et à conclure un protocole de médiation. Ici, les participants potentiels au processus de médiation établissent la situation factuelle qui forme l'objet du différend et conviennent des modalités à mettre en place pour le circonvenir. Les parties sont ainsi amenées à établir le cadre suivant pour leur médiation :

A. Elles sélectionnent leur médiateur, choisissent le lieu qui réunira les parties et conviennent de l'échéancier avec l'aide du professionnel choisi ;
B. Les parties choisissent leur représentant à la médiation ainsi que les personnes appelées à intervenir durant le processus ;
C. Les parties conviennent du mandat du médiateur. Dans les cas de médiation multi parties complexes, il arrive que l'on fasse intervenir le médiateur choisi lors de cette étape préliminaire.

b. La phase préparatoire

La deuxième étape, celle de la préparation ou de la « pré-négociation », a pour but d'affermir les bases de la médiation. Les objectifs de la pré-médiation sont d'établir la portée de la négociation, le plan de travail et la logistique ainsi que d'évaluer préliminairement les options de résolution du conflit.

Avec l'autorisation des parties, le médiateur procède à des rencontres individuelles préliminaires afin de com-

---

[1] UNEP et UNDPA, *Natural Resources and Conflict A Guide for Mediation Practitioners*, New-York, 2015, pp.16-26

prendre les positions et intérêts de chaque partie et ainsi obtenir des informations inestimables en vue de les accompagner sur le chemin d'une entente. Il y a souvent des intérêts et des motivations cachées derrière les objectifs visibles.

Cette étape permet aux médiateurs d'identifier les porte-parole lors de la session de médiation de même que les parties prenantes qui connaissent le mieux les questions de fond.

C'est aussi l'occasion de tester certaines options qui seront finalement développées au cours de la médiation. Plus important encore, les réunions de pré-médiation aident les médiateurs à déterminer avec précision la portée de la médiation et la méthodologie à adopter.

c. La phase de médiation et de mise en œuvre

La troisième étape est la tenue de la médiation. Très souvent, dans le cadre d'une médiation environnementale, des scientifiques et des experts seront appelés à présenter un dossier technique de nature à éclairer le différend. Grâce à ces présentations, toutes les parties prenantes développent une base d'informations commune qui s'avérera très utile au cours de la médiation. Ensuite, la négociation s'engage selon les paramètres connus et, selon la volonté des parties, un accord pourra être mis en œuvre selon la formule acceptée par les parties.

4. La médiation environnementale dans le contexte international

Dans le guide du PNUE, on peut lire que « ... *malgré ses promesses, la médiation a été sous-utilisée par le système international dans le traitement des différends relatifs aux ressources naturelles... le système international est toujours à la traîne pour saisir les opportunités d'utilisation proactive de la médiation en tant qu'outil.* »[1]

Il faut désormais rattraper le temps perdu dans des négociations face à face menées par des parties opposées. Le temps des mots inutiles et redondants, des négociations fondées sur des positions fermes et des concessions qui prennent des mois est révolu.

Le monde a besoin dès maintenant d'une grande équipe rassemblant les meilleurs médiateurs environnementaux afin d'assister les populations face aux défis climatiques majeurs qui les affectent. À cette fin, il faut créer des équipes de :

(1) **Médiateurs de terrain** assistés de scientifiques pour aider à résoudre les conflits générés par le déplacement des personnes et des populations à la suite des cataclysmes (inondations, incendies, désertification, contamination de l'air, etc.) ;

(2) **Médiateurs en gouvernance** pour assister les négociations climatiques en vue d'accords internationaux entre pays et entre les pays et les grandes entreprises ;

(3) **Médiateurs fiscaux** pour assister la mise en place d'une fiscalité internationale orientée vers des objectifs environnementaux : la prévention et la réparation.

Bref, nous avons besoin d'une **Unité internationale de médiation climatique (UMC)** mobile, solide, robuste ; une unité qui travaille et se déplace en temps réel avec une stratégique adaptative. Maintenant. Tout de suite. Immédiatement.

Cette Organisation pourrait être abritée par le Programme des Nations Unies pour l'environnement (PNUE)

---

[1] *Supra*, note 21, p.7

ou le Secrétariat des Nations Unies (ONU) auprès de l'Unité de soutien à la médiation pour la paix ou, encore, au sein d'un groupe uni de juridictions nationales.

Le temps est venu de mettre fin au modèle obsolète de la négociation environnementale distributive basée sur des positions stériles qui freinent toute action. Je pense aux populations qui sont actuellement déplacées, et celles qui le seront au cours de la présente décennie. Les réfugiés climatiques sont désormais le visage humain du cataclysme climatique. Oxfam montre que les catastrophes créées par le changement climatique « *ont été le principal facteur de déplacements internes au cours de la dernière décennie, forçant quelque 20 millions de personnes par an à quitter leur foyer* »[1] et souvent leur pays. Il est devenu inévitable que des centaines de millions de personnes devront quitter leur foyer dans les prochaines décennies. Des projections pointent d'ailleurs vers un nombre croissant de réfugiés climatiques qui pourrait atteindre 260 millions d'individus en 2030 et 1,2 milliard d'individus en 2050[2].

Les questions délicates de l'aide financière et technique pour apporter un soutien aux communautés déplacées et de

---

[1] Oxfam, « Populations contraintes de fuir : des déplacements exacerbés par le changement climatique », *Oxfam international*, https://www.oxfam.org/fr/publications/populations-contraintes-de-fuir-des-deplacements-exacerbes-par-le-changement [consulté le 20 mai 2023].

[2] Oxfam France, « Vers une augmentation croissante du nombre de "réfugiés climatiques" », *Migrations*, https://www.oxfamfrance.org/migrations/vers-une-augmentation-croissante-du-nombre-de-refugies-climatiques/, [consulté le 21 mai 2023] ; Le Monde, « En 2050, le monde pourrait compter plus d'un milliard de réfugiés climatiques », *Planète*, https://www.lemonde.fr/planete/article/2007/05/14/en-2050-le-monde-pourrait-compter-plus-d-un-milliard-de-refugies-climatiques_909546_3244.html [consulté le 21 mai 2023] ; la Banque Mondiale estime que la migration interne pourrait représenter 216 millions de personnes en 2050 : World Bank, *Groundswell Deuxième partie : Agir face aux migrations climatiques internes*, Washington, 2021, https://openknowledge.worldbank.org/server/api/core/bitstreams/7d319ab7-17f6-5f23-a4e1-cbbf6997ebd5/content, p. 4.

la relocalisation des populations dans des pays ou territoires souvent hostiles à leur arrivée appellent une médiation en temps réel par des experts formés à ces questions.

Au nom du principe de solidarité, il faut mobiliser les modes d'intervention adaptés au contexte complexe qui caractérise notre ère.

5. Des mesures fiscales

a. 1 % pour le climat par les EMN

En octobre 2021, après de longues négociations à l'OCDE, plus de 130 pays et juridictions, membres du Cadre inclusif OCDE-G20, ont convenu que certaines entreprises multinationales seraient soumises à un impôt minimum mondial de 15 %[1], ce qui augmenterait les impôts sur les sociétés ayant des bénéfices dans des juridictions à faible fiscalité. Les gouvernements élaborent actuellement des plans de mise en œuvre et transforment l'accord en loi[2].

La proposition de l'OCDE suit un schéma qui est discuté depuis 2019. La réforme comporte deux « piliers » : le premier, où les grandes entreprises multinationales (EMN) réattribuent une partie de leurs bénéfices en impôts (environ 125 milliards de dollars de bénéfices) et le deuxième qui introduit l'impôt minimum mondial[3], augmen-

---

[1] OCDE et G20, *Projet OCDE/G20 sur l'érosion de la base d'imposition et le transfert de bénéfices : Pilier 2*, https://www.oecd-ilibrary.org/docserver/9464d0c4-fr.pdf?expires=1684706827&id=id&accname=guest&checksum=D04EB65B9673EC8CE67BB885D29B49E5, p. 63 ; Gouvernement du Canada, « Impôt mondial des grandes multinationales », *Breffage pour le ministre du Revenu national*, https://www.canada.ca/fr/agence-revenu/organisation/a-propos-agence-revenu-canada-arc/transition-ministerielle-2021/enjeux-importants/impot-mondial-grandes-multinationales.html [consulté le 21 mai 2023].

[2] Gouvernement du Canada, *op. cit.*

[3] *Idem.*

tant les recettes fiscales d'environ 150 milliards de dollars à l'échelle mondiale[1]. Maintenant que les pays se sont mis d'accord sur un taux minimum de 15 %, la proposition environnementale complémentaire consisterait à allouer au minimum 1 % de ces 15 % à la lutte contre la crise climatique[2].

Ce 1 % serait investi dans un Fonds de reconstruction massif pour réparer les dommages déjà causés à notre planète. Ce Fonds de reconstruction, soumis à une gestion et un contrôle strict, pourrait financer l'Unité internationale de médiation climatique (UMC).

b. Contribution fiscale par les grands émetteurs privés

Selon l'Agence internationale de l'énergie, le monde doit réduire de moitié ses émissions de gaz à effet de serre d'ici 2030. Cette réduction nécessitera des investissements énergétiques atteignant 4 000 milliards de dollars par an dès 2030.[3] Pour y parvenir, il sera impossible de compter uniquement sur la contribution des gouvernements déjà lourdement

---

[1] OCDE et G20, « Projet OCDE/G20 sur l'érosion de la base d'imposition et le transfert de bénéfices : Une solution reposant sur deux piliers pour résoudre les défis fiscaux soulevés par la numérisation de l'économie », https://www.oecd.org/fr/fiscalite/beps/brochure-relever-les-defis-fiscaux-souleves-par-la-numerisation-de-l-economie-octobre-2021.pdf, p. 5.

[2] Brigitte Alepin et Louise Otis, « L'impôt minimum mondial : un succès remarquable mais incomplet », *L'OBS*, https://www.nouvelobs.com/economie/20211030.OBS50473/l-impot-minimum-mondial-un-succes-remarquable-mais-incomplet.html [consulté 21 mai 2023].

[3] IEA, « World Energy Outlook : Résumé », *IEA*, https://www.iea.org/reports/world-energy-outlook-2022/executive-summary?language=fr&fbclid=IwAR2t7cZaaDML4LnSB95wfQPgk4D1dJkKXpGpKjlHvGLg797UwYEON6bPE-M [consulté le 22 mai 2023].

endettés[1]. Il faudra désormais se tourner vers les richesses accumulées par le secteur privé et les philanthropes.

Il est estimé que 52 % des émissions mondiales de carbone proviennent d'individus qui font partie des 10 % les plus riches[2]. L'empreinte carbone moyenne du 1 % les plus riches serait 70 fois plus élevée que celle des 50 % les plus pauvres[3]. Cette tendance mondiale se reflète, dans des proportions différentes, tant dans les pays développés que dans les pays émergents[4]. Conséquemment, le temps est venu de mettre à contribution les plus grands pollueurs qui ont, de surcroît, les ressources pour financer leur consommation excédentaire. Cette mesure semble juste et raisonnable considérant qu'aucun pays n'a encore d'objectif environnemental fiscal pour la strate richissime[5].

En 2022, la Terre hébergeait quelque 2 668 milliardaires détenant collectivement près de 12 700 milliards de dollars. Très souvent, la philanthropie abrite des avantages fiscaux importants qui viennent tempérer la générosité qui paraît être leur principal attribut. Des fiscalistes de renom en

---

[1] À titre d'illustration, l'année 2020 a été marquée par une dette publique atteignant 99% du PIB mondial. D'ailleurs, « L'accroissement de la dette est particulièrement marqué dans les pays avancés, où la dette publique est passée d'environ 70 % du PIB en 2007 à 124 % du PIB en 2020 » : IMF, « La dette mondiale atteint un niveau record de 226 000 milliards de dollars », *Dette extérieure*, https://www.imf.org/fr/Blogs/Articles/2021/12/15/blog-global-debt-reaches-a-record-226-trillion [consulté le 22 mai 2023].

[2] L'Institut de Stockholm pour le climat, *Combattre les inégalités des émissions de CO_2 : La justice climatique au cœur de la reprise post COVID-19 : Résumé*, 2020, https://oxfamilibrary.openrepository.com/bitstream/handle/10546/621052/mb-confronting-carbon-inequality-210920-fr.pdf, p. 2.

[3] Oxfam Québec, « COP 26 : les émissions de CO2 du 1% le plus riche hors limite en 2030 », *Oxfam Québec*, https://oxfam.qc.ca/cop26-empreinte-carbone/ [consulté le 22 mai 2023].

[4] IEEP et Oxfam, *Les inégalités des émissions en 2030*, Oxford, 2021, pp. 6 et 7.

[5] Brigitte Alepin, avec la collaboration de Louise Otis et de Lyne Latulippe, *Pour une fiscalité environnementale mondiale : de nouveaux outils*, TaxCoop, 2019, pp. 8 et 9.

viennent à douter de l'efficacité réelle des fondations-actionnaires poursuivant des objectifs environnementaux. Le cas de Patagonia en est un exemple. L'experte en fiscalité internationale Brigitte Alepin estime qu'il faudra 15 ans avant que les montants investis par Patagonia, dans la crise climatique dépassent les cadeaux fiscaux offerts à la fondation et au fondateur de l'entreprise[1].

Il y a 25 ans, il aurait été difficile, voire impossible, d'envisager une taxation directement liée à l'empreinte carbone. Cependant, grâce aux technologies actuelles, il est désormais possible de mesurer et de quantifier l'empreinte carbone des individus. Ainsi, une taxe sur l'émission de gaz à effet de serre des pollueurs bien nantis est à la fois réaliste et pragmatique. Cette mesure fiscale aurait le mérite d'appliquer le juste principe de pollueur-payeur et celui de la progressivité des taxes. Elle permettrait aussi de cibler les plus grands émetteurs de gaz à effet de serre qui ont les moyens de contribuer au soutien des populations déplacées à cause des cataclysmes environnementaux.

Conclusion

Nous sommes entrés en conflit avec notre habitat, la Terre. Nous allons devoir redéfinir avec humilité notre mode de vie et ce que signifient, dans une large mesure, la solidarité et le partage.

---

[1] Brigitte Alepin, « Patagonia : donner sa fortune à la planète, un geste efficace? », *Radio-Canada*, https://ici.radio-canada.ca/ohdio/premiere/emissions/dessine-moi-un-matin/segments/chronique/420507/fondation-environnement-yvon-chouinard [consulté le 22 mai 2023] ; Brigitte Alepin, « Shareholder Foundations Can Help Taxes But May Not Help Earth », *Bloomberg Tax*, https://news.bloombergtax.com/tax-insights-and-commentary/shareholder-foundations-can-help-taxes-but-may-not-help-earth [consulté le 27 mai 2023].

Nous sommes désormais irrémédiablement liés pour les décennies à venir. Albert Jacquard écrivait : « Je suis les lieux que je tisse avec les autres. » En langue algonquine, l'une des Premières Nations du Québec, on dit MAMIDOSEWIN, ce qui signifie « nous marchons ensemble vers une destination commune. »

CHAPITRE III

Place des « absents » en médiation environnementale : intégration du grand public et des vivants non humains dans un dispositif de médiation de projet

Nicolas LE MEHAUTE, *médiateur en environnement et animateur de dispositifs de dialogue territorial (Scop DialTer, Les Ateliers du dialogue).*

1. Penser la place du grand public et des vivants non-humains : condition d'une médiation environnementale éthique

a. Responsabilité, autonomie des acteurs et enjeux publics

Responsabilité et autonomie fondent l'éthique de la médiation. La responsabilité des participants correspond à leur faculté de répondre de leurs actes, et d'en assumer les conséquences. Elle est fortement liée à leur autonomie, terme qui désigne la capacité de se doter de ses propres lois, sans devoir recourir systématiquement à des aides extérieures ou à des garde-fous.

Or la médiation environnementale a ceci de particulier, par rapport à la médiation généraliste, qu'elle concerne des questions d'intérêt général et constitue donc souvent un enjeu public. Dans la conception française traditionnelle, l'intérêt général est issu du dépassement des intérêts particuliers, l'État étant le traducteur et le garant de celui-ci. Dans cette perspective, intérêt général et intérêts particuliers sont perçus comme contradictoires. Cette conception implique que le processus de décision se place à l'abri des pressions par l'exclusion de toute participation directe ou indirecte, restreignant en cela l'autonomie des acteurs au nom d'une norme supérieure.

Les évolutions actuelles tendent à substituer à cette conception une vision d'inspiration plus anglo-saxonne amenant à penser l'intérêt général comme une co-construction bâtie sur la base d'une rationalité multidimensionnelle résultant d'une négociation. Les pratiques de médiation environnementale s'inscrivent dans cette perspective.

Se pose toutefois la question de la représentation et du poids des intérêts au sein de cette nouvelle configuration : comment les principes de responsabilité et d'autonomie, chères à la médiation peuvent-ils concrètement être mis en œuvre sur des problématiques de cette nature ? Par la pleine reconnaissance de la dimension négociée de l'intérêt général, n'y a-t-il pas un risque d'institutionnaliser la « loi du plus fort » au détriment des acteurs faibles et de l'environnement ? Cette question porte en particulier sur la place des parties prenantes absentes à la table du dialogue, et sur la capacité de ces absents à peser sur le résultat des négociations. Y répondre est essentiel pour fonder la légitimité des pratiques de médiation environnementale. Nous allons donc ici nous attacher à réfléchir à la place du grand public et des vivants non humains dans un processus de médiation environnementale de projet.

b. Place du grand public en médiation environnementale

La spécificité des enjeux environnementaux conduit à envisager la médiation, non plus comme un processus s'attachant à la relation entre acteurs, comme le fait la médiation dite généraliste, mais à la relation entre les acteurs et un collectif qui les dépasse. Cela pose la question des limites du collectif. Or les conditions matérielles nécessaires à la prise de parole et à l'écoute de chacun, sur lesquelles repose la médiation en tant qu'activité du langage, supposent que les échanges aient lieu au sein d'un groupe restreint. Les travaux et témoignages sur les dynamiques de groupe confirment qu'un groupe de 12 à 20 personnes constitue la meilleure configuration pour permettre à chacun d'avoir une perception individualisée de chaque membre, et enrichir la qualité des interactions sans que leur quantité ne vienne brouiller la transmission des messages[1]. Comment une approche basée sur les techniques de médiation peut-elle alors assurer une bonne prise en compte des préoccupations des « absents » ? Comment peut concrètement s'opérer l'articulation entre l'espace physiquement restreint de la médiation et ces acteurs concernés, mais extérieurs à cet espace ? Comme nous allons le voir, cette articulation conduit notamment à

[1] Anzieu Didier, Martin Jacques-Yves, *La dynamique des groupes restreints*, Paris, Presses Universitaires de France, 2013 et Barret Philippe, avec Guihéneuf Pierre-Yves, *Guide pratique du dialogue territorial : concertation et médiation pour l'environnement et le développement local*, La Tour d'Aigues, Éd. de l'Aube, 2012

concevoir des dispositifs de médiation « hybrides » au croisement de la concertation et de la médiation[1]. Comment dans ces conditions élargir l'espace de discussion sans perdre ce qui constitue la spécificité de la démarche de médiation et lui confère son pouvoir transformatif ?

c. Place des vivants non humains en médiation environnementale

La médiation, fondée sur les principes d'autonomie et de responsabilité des médiés, faisant des relations entre ces derniers l'objet de son attention, une fois transposée dans le champ de l'environnement, conduit à reconsidérer naturellement la notion de parties prenantes. La prise de conscience récente des interdépendances multiples entre les êtres humains et leur environnement, dans le contexte actuel de crise écologique, amène à renouveler notre regard sur les notions de nature ou d'écosystème. Les humains se redécouvrent ainsi pris dans un tissu de relations qu'ils avaient cru un moment pouvoir oublier. D'objet de la médiation environnementale, la nature devrait ainsi tendre à devenir sujet de médiation, au même titre que l'agriculteur, l'industriel ou le riverain du cours d'eau[2]. Mais comment opérer concrètement ce changement ?

---

[1] Faget Jacques, *Médiations : les ateliers silencieux de la démocratie*, Toulouse, Eres, 2015

[2] Le Méhauté, Nicolas. *Médiations environnementale, pour construire un monde commun.* Érès, 2022

2. Dispositif de dialogue territorial autour d'un projet de « renaturation » de cours d'eau

a. Le projet de « renaturation »

La Communauté de Communes du Genevois et la municipalité de Saint-Julien en Genevois, en Haute-Savoie, ont engagé en 2021 une opération d'aménagement de la rivière « Aire » et de sa plaine dans la traversée de la commune. L'objectif premier du projet est la « renaturation » de la rivière qui vise à redonner de la place au cours d'eau pour offrir de meilleures conditions de vie à la faune et la flore, mieux réguler ses écoulements et limiter les risques d'inondation. Ce type d'opération, qui suppose souvent d'importants travaux (terrassements, plantations, modification d'ouvrages hydrauliques...), s'inscrit dans des politiques publiques portées notamment par les Agences de l'Eau et mises en œuvre par les établissements publics de coopération intercommunale en charge de la compétence « Gestion des milieux aquatiques et prévention des Inondations » (GEMAPI).

Dans le cas de l'Aire, le tronçon de cours d'eau à renaturer présente une forte dimension naturelle, mais accueille également de nombreuses installations et fait l'objet d'usages multiples. Les porteurs du projet se sont donc aussi intéressés à l'utilité sociale de la rivière, comme espace de détente et de loisirs pour les habitants, et lieu d'implantation d'activités agricoles et commerciales. Il s'agissait de répondre autant que possible aux attentes de nature et, mais aussi d'usage des lieux par celles et ceux qui le fréquentent.

Pour cette raison, en appui d'une étude de faisabilité technique, une démarche de dialogue territorial a été engagée. Celle-ci visait la co-construction du projet par les acteurs concernés, tenant compte des besoins de la nature et de la population. Ce projet a donné lieu à un schéma d'aménagement global combinant la création de méandres, l'arasement de seuils faisant obstacle à la remontée des poissons dans le lit du cours d'eau, la modification de tracés de chemins, la création d'une zone humide, la plantation d'arbres, la création d'aménagements paysagers ou encore la réorganisation partielle des infrastructures sportives. En cours de finalisation à l'heure actuelle, il doit maintenant être présenté aux élus du territoire pour arbitrages et mise en œuvre éventuelle. Le dispositif de médiation, auquel il a donné lieu, permet toutefois dès à présent de réfléchir à la place des « absents » dans un processus de dialogue multi-acteurs.

b. Principes et déroulé d'un processus de dialogue territorial

Le dialogue territorial est une approche élaborée et mise en œuvre par l'association Geyser et la Scop DialTer depuis plus de 20 ans. C'est une démarche de concertation qui transpose les principes de la médiation dans le champ de l'environnement et de la gestion des territoires[1].

Le dialogue territorial s'appuie sur les principes suivants :

- **Co-construction de propositions par toutes les parties prenantes** concernées par un projet ou un problème à résoudre.
- **Co-construire ne veut pas dire décider :** le processus de concertation est articulé à un processus décisionnel transparent dans lequel le décideur assume ses responsabilités, mais s'engage à prendre en considération les propositions et à rendre des comptes sur la manière dont il les a prises en compte.

---

[1] Barret Philippe, 2012, op.cit.

- **Définition préalable d'un cadre de dialogue clair et partagé :** La confiance des participants dans le processus et leur intérêt à participer constituent des conditions de réussite du processus. Ce dernier consiste donc tout d'abord à co-construire avec le commanditaire et les parties prenantes le cadre des futurs échanges, en veillant autant que possible à intégrer la diversité des sujets de préoccupation et à permettre à ce que chacun comprenne à quoi il est invité à participer.
- **Recherche d'une compréhension mutuelle préalablement à la recherche d'un accord :** Pour dépasser l'expression des positions contradictoires et favoriser un climat de confiance, les médiateurs invitent d'abord les participants à partager leur vécu et dire de ce qui compte pour chacun d'eux, considérant qu'on peut se comprendre sans être d'accord. La reconnaissance réciproque de la diversité des préoccupations est pour eux un passage obligé à une résolution coopérative d'un problème donné.
- **L'expertise au service du dialogue, et non pas l'objet central des échanges :** Au regard des aspects techniques des problématiques abordées, les animateurs d'un processus de dialogue territorial accordent une grande importance à la place de la connaissance, souvent nécessaire au traitement des problèmes environnementaux. Cependant pour éviter d'enfermer les participants dans des « débats d'experts », ils veillent à ce que l'expertise réponde aux préoccupations effectives des participants et portent une grande attention à la reconnaissance des différentes formes d'expertise, favorisant le dialogue entre savoirs scientifiques et savoirs d'expérience ou d'usages.

La conduite d'un processus de dialogue territorial consiste ainsi successivement à :

- **Poser le cadre de la démarche :** ce cadre doit être clair et sécurisant pour des participants qui parfois s'engagent dans le processus de concertation avec des craintes et des appréhensions.
- **Déplacer les échanges d'une confrontation de positions souvent contradictoires à la compréhension des besoins de chacun ancrés dans la subjectivité des vécus :** on peut en effet s'affronter sur des interprétations de la réalité et des propositions de solutions. Ce n'est en revanche pas le cas des besoins et des perceptions, partagées explicitement comme points de vue singuliers.

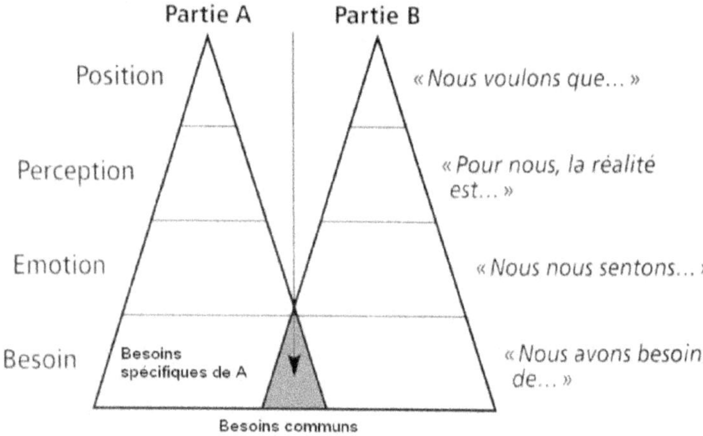

Représentation du processus de passage des positions aux besoins (source : Barret, 2012).

- **Construire une vision commune du problème posé à partir des visions singulières :** Partant d'une diversité initiale de visions, il s'agit d'établir par le dialogue un diagnostic partagé intégrant les perceptions et les besoins de chaque acteur. Ce diagnostic intègre l'apport d'experts et des savoirs profanes, dont le but est de venir éclairer les différentes perceptions et objectiver certains éléments de débats.

- **Aboutir à une forme de reconnaissance mutuelle entre les parties prenantes, au-delà des désaccords :** la reconnaissance et l'empathie pour la situation et les problèmes d'autrui ne signifient pas être d'accord avec lui, mais simplement le considérer comme une personne ou un représentant d'un groupe humain ayant ses propres préoccupations. Cette reconnaissance permet le passage d'une attitude autocentrée et défensive à une attitude plus ouverte à la perspective des autres acteurs. Ce changement dans les relations entre acteurs prépare le chemin d'un accord acceptable par tous.
- **Engager une recherche créative de solutions gagnant-gagnant, permise par la confiance et le respect entre les parties prenantes :** l'utilisation des nombreux outils de créativité issus du domaine très innovant de l'intelligence collective est conditionnée par le sentiment de sécurité des participants dans la démarche, notamment par l'assurance qu'est pris en compte ce qui compte vraiment pour chacun. Cette créativité de groupe ouvre la possibilité de faire émerger des réponses conciliant les différents besoins qu'aucun acteur n'aurait pu concevoir seul.
- **Préparer une décision pour agir sur le réel :** la démarche vise la construction d'un accord qui peut être une décision à part entière (co-décision), mais peut aussi prendre la forme de propositions (plan d'aménagement, charte, programme d'actions…) à soumettre à des décideurs.

La mise en œuvre de tous ces principes se déroule selon un phasage type, inspiré de la roue de Fiutak[1] et qui est le suivant :

Figure : Étapes types du dialogue territorial (source : Barret, 2012).

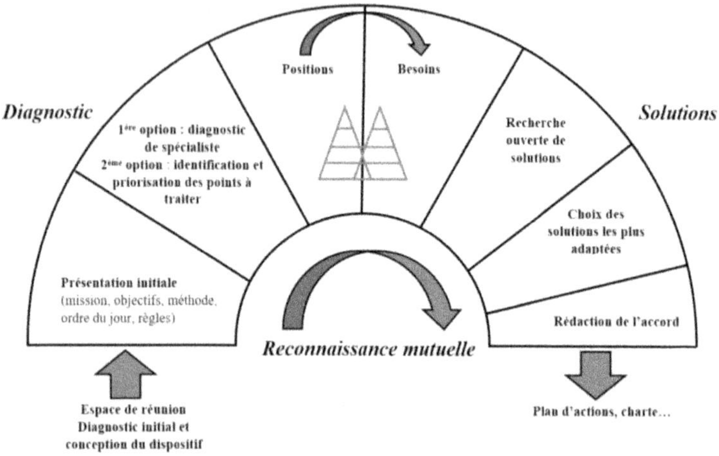

c. Le « groupe de concertation » : Groupe restreint au cœur du processus de médiation

Par l'échange de la diversité des points de vue, le dialogue territorial cherche à initier une dynamique collective d'apprentissage où chacun est invité à cheminer vers une vision commune. L'expression, l'écoute et la compréhension réciproque des besoins de chacun permettent en outre de construire un intérêt collectif autour d'un problème ou d'un territoire partagé. Ce processus collectif peut s'opérer au sein d'un groupe, regroupant la diversité des intérêts en jeu, dont la taille garantit une bonne qualité d'échanges et susceptible de se réunir dans la durée. C'est pourquoi, au cœur du dispositif de dialogue territorial, se situe « un

[1] Fiutak Thomas, Planes Gabrièle et Colin Yvette, *Le médiateur dans l'arène. Réflexion sur l'art de la médiation*, Toulouse, Ed. Érès, coll. Trajets, 2009

groupe de concertation ». Il s'agit de l'instance de travail principale chargée de la co-construction du projet ou de la résolution d'un problème, dans lequel sont mises en dialogue les différentes visions, sensibilités et intérêts en présence. En pratique, il s'agit d'un groupe de 25 personnes au maximum, pour permettre une bonne qualité des échanges, mobilisant des représentants des parties prenantes (organisées ou non), composé de personnes disponibles pour se réunir sur la durée du projet.

Dans un dispositif classique de dialogue territorial, cette instance de dialogue centrale est articulée à une instance de pilotage du processus (comité de pilotage, composée le plus souvent des élus et des partenaires institutionnels de la démarche) et d'une instance décisionnelle (composée des responsables de la décision finale).

Un dispositif sur mesure visant l'intégration du grand public et des vivants non humains

Dans le cas du projet de renaturation de l'Aire, la multiplicité des usagers et des enjeux liés à l'espace à aménager ont conduit à adapter le dispositif de dialogue territorial. Le dispositif de concertation a été conçu sur mesure, après le recueil des attentes et préoccupations d'une quarantaine de personnes de tout profil, dans le cadre d'entretiens individuels et collectifs.

d. Intégration du grand public dans le processus de médiation :

Les modalités d'intégration des préoccupations du grand public dans le processus ont été les suivantes :

Des « citoyens lambda » dans le groupe de concertation :

À l'issue de cette étape préparatoire, le groupe de concertation a été constitué. Instance de travail principale, chargée de co-construire le scénario d'aménagement, il a été conçu comme un microcosme de la diversité des acteurs concernés par le projet. Il a réuni des représentants d'acteurs dits « organisés » : élus, associations de quartiers, clubs sportifs, associations de défense de l'environnement et de pêche, exploitants agricoles et commerces. Ce groupe a également réuni sur la base du volontariat des personnes, « citoyens lambda », porte-parole des intérêts de parties prenantes « non organisées » : promeneurs, habitants de la commune attachés à la rivière, et autres usagers informels du site.

Ateliers et réunions publics en amont et en aval de la démarche de médiation :

En complément au travail de ce groupe restreint, la population dans son ensemble a été associée à la démarche au travers de la tenue d'un atelier ouvert au public qui eut lieu au démarrage de l'étude. Cette réunion ouverte au grand public a mobilisé plus de 80 personnes aux profils diversifiés : habitants, promeneurs, joggers, cyclistes, pêcheurs, membres de clubs sportifs, acteurs économiques, membres d'associations intéressées par la protection de l'environnement et personnes soucieuses d'une cohabitation harmonieuse entre les hommes et la nature…

Des travaux en atelier ont permis de faire état des nombreux conflits d'usages liés à l'intense fréquentation des lieux, mais aussi d'identifier ce que chacun vient y rechercher : pratique du sport, ombrage et fraîcheur, calme, cadre ressourçant, etc. De nombreuses idées et propositions ont également été recueillies : élargissement de la rivière ou d'espaces réservés à la nature, tables de pique-niques et installations sportives supplémentaires, cheminements nouveaux, vergers… Enfin, les esquisses de la rivière idéale pour chacun des participants, tour à tour lieu de loisirs, de nature, de production vivrière, de circulation douce, ou espace articulant toutes ces différentes aspirations, ont permis de confirmer la diversité des besoins auxquels l'aménagement de l'Aire devrait répondre.

Ces regards sur la rivière, tout en caléidoscope, sont venus alimenter à chacune de ses étapes le travail du groupe de concertation qui a suivi, le médiateur rappelant au cours des temps de travail les perceptions, besoins et propositions émises lors de cet atelier.

En outre s'est tenu en fin de processus un temps de consultation publique destiné à partager avec l'ensemble des habitants intéressés le travail de conception du projet, et à évaluer collectivement ce dernier. Outre la présentation du projet, la réunion publique a consisté à partager le processus ayant permis d'aboutir à cette proposition, en mobilisant des témoignages des membres du groupe de concertation. À l'issue d'un temps d'échange, il était proposé à chaque participant d'évaluer le projet présenté en incrémentant un support mural mis à la disposition du public, inspiré d'un outil participatif appelé « échelle de consensus ».

L'intégration du grand public dans le processus de médiation a donc conduit à enrichir les échanges menés au sein du groupe restreint et à en évaluer le résultat.

e. Intégrer la « Nature » comme partie prenante au processus de dialogue

D'une façon générale dans les dispositifs de concertation en environnement, les intérêts de la « nature » et des vivants non humains sont portés par des associations de défense de l'environnement et/ou par les services de l'État chargés de l'application de la réglementation environnementale. Ce mode de représentation comporte toutefois certaines limites, liées en particulier à la faiblesse structurelle des associations environnementales dans les arènes de discussion, en comparaison à d'autres acteurs, ainsi que la conjugaison de la réglementation environnementale à d'autres préoccupations également portées par l'État : sécurité des populations, production d'énergie renouvelable, activité économique…

Dans un objectif politique de soutien à la cause de l'environnement porté par les élus de la commune, et dans un souci d'équité entre parties prenantes porté par le médiateur, cette représentation a donc été renforcée dans le dispositif de dialogue de plusieurs manières :

L'expertise naturaliste, traductrice des besoins de l'écosystème :

Plusieurs types d'expertises sont généralement mobilisés dans ce type d'études : une expertise technique relative à la maîtrise d'œuvre de l'aménagement et une expertise en écologie, hydraulique, etc. destinée à établir un diagnostic initial et à prévoir l'incidence du projet sur celuici. Dans la perspective de la médiation, ce diagnostic peut être considéré comme une étape de clarification des besoins du milieu naturel : besoins en termes de qualité et de quantité d'eau, besoins de circulation sans obstacle pour les poissons, besoin de quiétude des espèces animales terrestres, etc. Il y a donc là un enjeu de reconnaissance de ces besoins qu'il s'agit de faciliter.

Dans ce but, le choix a été fait de mobiliser un expert en écologie, indépendant des autres volets de l'étude, dans le cadre d'une prise de parole spécifique affichée explicitement comme expression des besoins des vivants non humains touchés par le projet. Cet artifice a donné lieu à une parole incarnée et directe, en rupture avec le discours technique, habituel dans ce type de démarche.

Constitution d'un groupe de « gardiens » des intérêts de la rivière :

Le dispositif de médiation s'est appuyé sur l'existence préalable d'un groupe de personnes appelé les « ambassadeurs de l'Aire », constitué antérieurement au projet. Il s'agit d'un dispositif participatif expérimental visant à incarner les ambitions participatives et environnementales de la municipalité.

Ce groupe a été constitué à l'initiative de la mairie pour associer les habitants du territoire au projet de renaturation, sur la base de candidatures libres et ouvertes. Les 10 membres de ce groupe ont bénéficié d'une formation aux enjeux de la rivière. Tout en reconnaissant l'existence d'autres préoccupations et la nécessité de dialoguer avec l'ensemble des parties prenantes, ils manifestaient collectivement une forte sensibilité à la préservation du vivant. La « charte des ambassadeurs », qui précise les rôles et le cadre d'action du groupe, stipule que « l'ambassadeur est avant tout vu ici comme un citoyen qui veut agir pour faire avancer au mieux ce projet, en veillant à prendre en compte en priorité les besoins écologiques de l'Aire, tout en conciliant les autres usages : aménagements sportifs, balade au bord de l'Aire, pêche… » Sur cette base, les ambassadeurs ont non seulement participé à la concertation en tant que porte-parole des intérêts de la rivière avec 3 représentants mobilisés au sein du groupe de concertation, mais ont également été associés à l'ensemble des instances de pilotage du dispositif pour jouer un rôle de veille de la prise en compte des objectifs environnementaux tout au long du processus, traduisant la priorité politique donnée aux objectifs écologiques du projet. Pour le médiateur en questionnement déontologique permanent, ce dispositif relève du soutien transparent à une partie prenante visant l'établissement d'une certaine équité dans un contexte d'asymétrie de pouvoir structurel marqué.

Porte-parole d'une partie prenante inattendue : Les animaux domestiques

Les caractéristiques du site à renaturer, entre espace naturel et parc urbain, ont conduit à l'émergence au cours des échanges d'une voix inattendue. Celle des chiens et de leurs maîtres. Les tensions se sont cristallisées en particulier autour de la question des besoins de quiétude de la faune sauvage et du besoin d'espaces de liberté pour les chiens domestiques. La réalité de l'impact négatif de l'intrusion des canidés dans des zones naturelles sur les animaux sauvages (attaque, stress…) a été questionnée ; les solutions envisagées pour répondre aux besoins de la vie sauvage ont également été remises en cause : zones naturelles sanctuarisées par des haies végétales limitant les intrusions et le dévoiement de chemins, obligation de promener les chiens en laisse, création de parcs à chiens fermés. Renaturer un espace doit-il signifier exclure une partie de ses usagers humains et non humains ? Ces échanges, dans un contexte où la place des animaux domestiques a pris une grande importance au sein de beaucoup de foyers, ont été particulièrement vifs et restent encore ouverts à ce jour. Il s'agit là d'un volet du projet qui n'a pas donné lieu à consensus au sein du groupe de concertation.

Conclusion

L'intégration de la population d'un territoire ou des vivants non humains au sein d'un processus de médiation environnementale de projet, qui croise des enjeux multiples, suppose une ingénierie spécifique visant la mise en place de dispositifs hybrides entre médiation et concertation. Il s'agit pour le médiateur d'articuler groupe(s) restreint(s) et grand groupe et de penser la place des différents acteurs et experts mobilisés dans le processus pour en compenser certaines asymétries de pouvoir. Ce processus d'hybridation, qu'imposent les spécificités des problématiques d'environnement et de territoire, comporte toutefois le risque de perdre ce qui fait la particularité et l'intérêt du processus de médiation. C'est pourquoi des repères méthodologiques et éthiques solides doivent être mobilisés pour conduire ce travail d'ingénierie du dialogue. L'approche du dialogue territorial propose une base précieuse pour concevoir et animer de type de dispositif. Ce travail doit toutefois être conduit par le médiateur dans un questionnement permanent, intégrant la complexité des situations liées à la fois au problème à traiter, mais aussi à sa propre place dans le système d'acteurs : enjeux politiques, prestation inscrite dans le cadre d'une commande publique, etc.

Même si l'exercice est toujours délicat et le chemin encore largement à explorer, la médiation environnementale propose des perspectives très concrètes pour concilier les exigences démocratiques et l'invention d'une nouvelle relation aux êtres vivants qui nous entourent.

CHAPITRE IV

L'éco-médiation : pourquoi faut-il s'autoriser à faire différemment ?

***Séverine CARREZ**, chercheure et médiatrice, présidente de l'INNE.*

Introduction

Interdépendance. Crise écologique, climatique, effondrement de la biodiversité, surindustrialisation du monde, perte de sens, crise sanitaire et sociale, immigration… tous ces phénomènes sont interreliés. Ils sont systémiques et interdépendants, car la planète est Une. Dès lors, l'activité des êtres humains a des incidences sur le reste du vivant. Le biologiste Robert Barbault parle d'écologie comme de la multitude et la complexité des interactions des êtres vivants entre eux et avec leur milieu, d'ailleurs complexus en latin signifie « qui est tissé ensemble ». Nous nous sommes développés de manière anthropocentrée, c'est-à-dire par et pour les êtres humains, sans considération pour le reste du vivant. On parle également de l'anthropocène. Mais aujourd'hui, nous devons travailler à repenser notre place au sein de la planète dans une approche éco-centrée, voire bio-centrée de nos interactions avec le reste du vivant, car comme le souligne le juriste et anthropologue Olivier Barrière, nous tissons des liens de coviabilité[1] avec les autres espèces. On ne peut pas vivre les uns sans les autres. La coviabilité est vue comme la viabilité conjointe de systèmes « autonomes », autrement dit, nous devons prendre conscience que la viabilité de notre système humain est associée et conditionnée par une multitude d'autres systèmes non humains.

Faire différemment. Dans ce cadre, notre démarche part du constat qu'ignorer les non humains dans les décisions locales et globales a eu pour conséquences d'en constater leur déclin, voire désormais, leur extinction. Pour apaiser ces crises systémiques qui découlent les unes des autres, nous devons réapprendre à vivre sur Terre, dans la conscience de nos impacts sur les autres espèces vivantes. Certaines grandes institutions internationales de conservation de la Nature soulignent « qu'il est devenu plus que jamais urgent d'appeler à des changements profonds : il faut penser autrement nos façons d'interagir avec le monde vivant et donc nos façons d'habiter la Terre »[2]. Certains auteurs parlent même de convivialité avec la Na-

---

[1] Barrière O. et al, Coviability of social and ecological systems, vol1 et 2, Springer, 2019.

[2] Patrick Blandin, Damien Marage, Michel Barnaud, Gilles Benest, Séverine Borderon-Carrez, et al., L'avenir du vivant. Nos valeurs pour l'action. 2021, 978-2-918105-91-6. hal-03318438

ture[1]. Il faut donc faire différemment pour ne pas reproduire les mêmes erreurs. Mais pour faire différemment, nous devons créer des outils qui sortent du cadre existant. Pour cela, nous avons créé l'Institut International pour la Négociation Écologique (INNE) en 2019. La proposition est d'offrir un cadre de « négociation écologique »[2] qui permette la mise en dialogue des humains avec le non-humain au niveau global c'est-à-dire en prenant en compte simultanément les effets locaux et globaux des décisions. L'expression « négociation écologique » part du fait que la négociation est au cœur de l'application de tout changement de paradigme et « écologique » évoque le fait que cette forme de négociation touche tous les niveaux (local, global) et tous les aspects de cette transformation : elle est transcendantale[3]. Pour être opérationnelle, elle se construit autour d'un modèle de gouvernance globalisée, des outils d'actions concrètes de mise en dialogue (dont la médiation) et des mesures de suivi des échanges itératifs sur le long terme[4]. C'est dans ce cadre que nous pensons que la

---

[1] Patrick Blandin, Frederic Ducarme, Damien Marage, Convivialité : l'alliance avec la nature, Editions de l'atelier, 2023.

[2] Concept juridique qui propose d'initier un dialogue avec le vivant. L'objectif est de mettre en place les éléments et la structure du dialogue nécessaires à la rencontre entre humain et non-humain. Elle se formalise au sein de l'Institut International pour la Négociation Ecologique (INNE) par la construction d'une mise en dialogue complexe permettant de toucher les dimensionnalités locales et planétaires, interculturelles. Voir également S.Carrez. La négociation écologique en droit des études d'impact environnemental. Droit. Université Côte d'Azur, 2017.

[3] Cette forme de négociation, écologique et complexe, s'appuie sur des valeurs et principes qui ont été rédigés dans la Charte pour la Négociation Écologique par des acteurs provenant des 5 continents, afin d'intégrer la dimension transcendantale dans notre manière de nous mettre en relation entre êtres vivants, non-(encore) vivants humains et non-humains.
http://negociation-ecologique.fr/index.php/la-charte/

[4] Olivier Barrière, Séverine Carrez, et Adélie Pomade. « Droit des communs, droit d'une intendance territoriale, pour une post-modernité du droit de l'environnement », *Revue juridique de l'environnement*, vol. 48, no. HS22, 2023, pp. 323-344.

médiation, et a fortiori l'éco-médiation, représente un outil important dans le basculement de l'ère des humains vers l'ère des vivants.

L'éco-médiation. En effet, la médiation se présente comme une alternative profonde et riche de sens pour restaurer les relations humaines abîmées ou en co-créer de nouvelles. Notre proposition est d'aller un peu plus loin et de restaurer et co-créer également nos relations avec le reste du vivant en ouvrant des espaces de dialogue hors du cadre permettant la rencontre entre l'humain et le non-humain. Notre approche dans cet article se limitera au niveau des territoires, dans le cadre de l'intendance territoriale. L'intendance territoriale permet aux habitants de gérer le présent et l'avenir de leur territoire par eux-mêmes. Cette capacité des territoires à se mobiliser par eux-mêmes se manifeste également par le recours au droit négocié où les acteurs vont eux-mêmes définir leur cadre d'action et les règles de leur relation sur le territoire. Ce sera notamment le cas lors de la rédaction des Chartes des Parcs Naturels Régionaux ou de Pactes territoriaux[1]. Nous sommes également mobilisés lorsque des habitants d'un territoire souhaitent qu'une forêt ou un lac puissent agir par eux-mêmes, se défendre ou simplement vivre par eux-mêmes, sans subir les décisions et oppressions humaines. Dès lors, dans le cadre de la création des règles du jeu et d'un droit propre aux habitants (droit endogène), le recours à la médiation entre les acteurs est central.

Notons ici que le vocabulaire n'est pas généralisé. « Sophie Allain[2] montre ainsi que des processus qui adop-

---

[1] Pacte Pastoral Intercommunal adopté par la Communauté de Communes Causses Aigoual Cévennes – Terres Solidaires lors de la délibération du 13 mai 2015.

[2] S. Allain, « La médiation environnementale comme système de régulation politique. Application au gouvernement de l'eau », dans J. Faget (sous la direction de), *Médiation et action publique. La dynamique du fluide*, Presses universitaires de Bordeaux, 2005, p. 135-150 ; cité par Jacques Faget, « 6. Les

tent les principes d'action de la médiation font référence : au dialogue, à la concertation, à la facilitation, au dialogue territorial, sans se référer précisément à la médiation »[1]. Mais si l'on reprend la définition de la médiation dite « environnementale » donnée par Jacques Faget en 2010, il s'agit « d'un processus visant à instaurer un dialogue entre des institutions, des groupes d'intérêts ou des individus concernés par des problèmes environnementaux (gestion, valorisation, appropriation ou protection de ressources naturelles, de paysages, d'espèces ou de milieux) et/ou à rechercher des accords satisfaisants pour tous. Elle s'opère grâce à l'intervention d'un tiers extérieur, le médiateur, qui ne prend pas position sur le fond et ne tente pas d'influencer le résultat, dont la seule fonction est de faciliter les conditions d'un échange constructif. Ce processus peut être mobilisé dans deux cas de figure, soit *a posteriori* pour gérer un conflit ouvert, soit a priori pour élaborer, avec la participation active des acteurs concernés, des projets concertés de gestion du territoire ou de l'environnement »[2]. Par ailleurs, Jacques Faget complète la définition en précisant que concernant les modes de construction de la décision politique, « ce qui distingue la médiation de tous les autres modes de participation, c'est le pouvoir donné aux citoyens d'élaborer et de prendre eux-mêmes la décision. De ce point de vue on peut considérer qu'elle représente le niveau supérieur de la démocratie participative »[3].

Dans le cadre de l'éco-médiation, nous souhaitons aller plus loin et intégrer à la définition de la médiation territo-

---

médiations environnementales », Médiations. Les ateliers silencieux de la démocratie, sous la direction de Faget Jacques. Érès, 2010, pp. 163-174.

[1] Jacques Faget, *op.cit.*

[2] Jacques Faget, « 6. Les médiations environnementales », Médiations. Les ateliers silencieux de la démocratie, sous la direction de Faget Jacques. Érès, 2010, pp. 163-174.

[3] *Ibid.*

riale et environnementale trois facteurs nouveaux. Le premier repose sur le dialogue. 1°) L'éco-médiation ouvre le dialogue au non-humain, ce qui suppose 2°) la création d'un cadre sur mesure à cette mission par la création de Nouvelles Instances de Dialogue (NIDs) et 3°) la mobilisation de nouveaux acteurs spécifiquement formés à cette mission « transcendantale » : les écociateurs®, médiateurs du vivant.

1. Le dialogue entre les humains et le non-humain

Notre approche de l'éco-médiation nous demande d'accepter d'entrer dans de nouvelles formes de relations et accueillir la diversité d'informations dont recèle le vivant. Réaliser ce travail nécessite dès l'origine une volonté profonde de respecter les vulnérabilités du vivant, et d'être prêts à s'engager vers la mise en place de mesures pouvant reposer sur des informations aussi bien sensibles que scientifiques. Cette ouverture aux données autres que scientifiques provoque un changement de paradigme. C'est une des clés permettant d'ouvrir le dialogue entre humain et non-humain. Mais attention à ne pas s'y perdre…

Faire parler la Nature, mettre la Nature à la table des négociations, accorder une personnalité juridique à la Nature… Si le droit français reconnaît le principe de solidarité écologique[1], sa mise en œuvre effective n'est pas encore à l'ordre du jour, sans doute faute de savoir-faire en la matière. C'est alors plutôt sous l'angle des droits de la Nature que s'observent les premières avancées. Ceux-ci

---

[1] Dans sa retranscription, l'article L110-1 II 6° du code de l'environnement précise que le principe de solidarité écologique « appelle à prendre en compte, dans toute prise de décision publique ayant une incidence notable sur l'environnement des territoires concernés, les interactions des écosystèmes, des êtres vivants et des milieux naturels ou aménagés »

prennent différentes formes en fonction des pays (intégration de la personnalité juridique dans la constitution, arrêt de la Cour Suprême de Colombie, outils de planification intergénérationnels, etc.) c'est ainsi que des écosystèmes, et des espèces peuvent être sujets à application des droits de la Nature ou à la création d'une personnalité juridique, comme récemment en Espagne à Murcia avec la création d'une personnalité juridique pour la Mar Menor. De nombreux exemples autour du monde montrent que la place de la Nature doit évoluer, mais ces propositions nous semblent encore trop anthropocentrées. Elles cherchent à répondre au modèle existant, à s'incorporer dans un cadre et ne permettent pas de véritablement dépasser les problématiques humaines. Notre approche est un peu différente. Pour nous, l'éco-médiation n'impose pas la nécessité d'entrer dans un formalisme juridique anthropocentré, et n'impose pas de donner une étiquette juridique à ce que nous percevons être « la Nature ». Dans une éco-médiation, la Nature n'est ni objet ni sujet. En effet, l'éco-médiation est une médiation qui intègre la dimension du dialogue au non-humain, c'est-à-dire aux autres espèces, aux écosystèmes, aux esprits de la Nature. La perception est transcendantale. Dès lors, il nous semble que pour ouvrir un tel dialogue et créer les conditions favorables à une éco-médiation, l'autonomie et le retrait de tout cadre conceptuel anthropocentré est nécessaire.

Pour cela, les humains (notamment occidentaux) doivent être prêts à accepter de s'ouvrir à des champs conceptuels parfois inconnus pour eux. Pour nous aider à y voir plus clair et illustrer les différentes formes de relations que les humains peuvent entretenir avec la « Nature », les travaux de Philippe Descola[1] (anthropologue et philosophe) seront très utiles, notamment son ouvrage

[1] Philippe Descola, Par-delà nature et culture, Paris, Gallimard, 2005.

« Par-delà nature et culture » où il aborde plusieurs points de vue pour approcher les différentes perceptions culturelles de la relation entre réel et sensible. Il définit alors 4 grandes catégories d'approches entre le monde humain et le non-humain : Animisme (ressemblance des intériorités, différence des physicalités), totémisme (ressemblance des intériorités, ressemblance des physicalités), naturalisme (différence des intériorités, ressemblance des physicalités), analogisme (« différence des intériorités, différence des physicalités)[1].

Pour vivre l'expérience, l'ouverture à d'autres cultures permet de mieux comprendre cette idée. Afin d'illustrer ces perspectives, on observe que dans le cadre d'une négociation écologique, les données ne sont plus les mêmes, l'objet de la rencontre change, ce qui remet en cause nos fondements et notamment ceux de la société industrielle. Ainsi, « lorsque les Indiens négocient avec les pétroliers pour leur expliquer que la forêt est leur milieu de vie, ce qu'ils négocient c'est leur être en tant que société, ce ne sont pas des parcelles. Ils ne s'insèrent pas dans la logique du marché que nous voulons universelle, car la négociation en question n'est pas une négociation au sens du marché, c'est-à-dire au sens contractuel. C'est une négociation au sens de l'être. Nous croyons que tout se négocie, mais non, il y a des choses qui sont hors marché »[2]. La négociation écologique invite donc les êtres vivants à négocier dans un cadre limité (la planète et ses conditions de viabilité) et donc non négociable. Ce paradoxe de négocier sur ce qui n'est pas négociable invite donc à dépasser le cadre du conflit (accepter l'évidence des limites) pour apprendre à faire différemment et entrer dans l'éco-médiation, c'est-à-dire co-construire avec le vivant. Le principe est donc

---

[1] Philippe Descola, Par-delà nature et culture, Paris, Gallimard, 2005.
[2] Séverine Borderon-Carrez, La négociation écologique dans le cadre du droit global, Europa Civitas, 2018.

d'ouvrir le dialogue dans la compréhension de nos enjeux humains et des mécanismes universels qui nous unissent au vivant (illimités). La Nature est guidée par des règles universelles qui nous relient au Tout. Nous considérons donc comme étape essentielle de l'éco-médiation l'ouverture à ce qui nous dépasse. Dans une expérimentation de diagnostique croisé sur la santé d'un territoire de la Drôme organisé par l'association Tchendukua et le géographe Éric Julien, le peuple amérindien des Kogis s'est exprimé en ce sens : pour lui, « Le territoire est porteur d'un "ordre" : la loi des origines ou principes naturels. La loi des origines, ce n'est pas tant celle qui "fait" les hommes, mais qui organise le monde, donc les hommes et leurs territoires, ainsi que le temps, les espaces et les sites sacrés qui structurent la vie des Kogis. C'est cet ordre naturel qui définit nos droits, nos devoirs et sert de base à la résolution des conflits. Ce sont les interrelations existantes entre les êtres spirituels qui permettent la naissance et le développement de tout ce qui existe dans le monde matériel. »[1] (Mama Kogi).

Recevoir et appréhender de nouvelles visions de nos relations avec le reste du vivant est sans nul doute un point d'entrée dans l'ère de la relation avec le vivant, et donc, de l'éco-médiation. Mais si le recours aux peuples premiers apparaît nécessaire dans un premier temps pour permettre aux Occidentaux d'accepter de nouvelles appréhensions du monde, nous devons prendre conscience que nous avons nous-mêmes en France, dans nos territoires, des êtres dotés de ces compétences reliées au vivant. Plusieurs associations françaises travaillent aujourd'hui à restaurer ces relations, notamment à travers la sagesse des arbres et la recherche de mise en dialogue avec les forêts (Le Li-

[1] Diagnostic croisé – Drôme, Septembre 2018 Rapport d'exécution, màj 2020, Tchendukua – d'ici et d'Ailleurs.

chen). Nous nous intéressons à de nombreuses approches de médiations (médiation animale) et dialogue complexe (médiation agile[1]) permettant de renouveler nos manières de prendre des décisions territoriales. Nous expérimentons différentes formes d'outils reconnus (processwork) ou non et des méthodes de travail inédites à certaines sagesses ou savoir-faire. Le cadre, qui doit être structurant et sécurisant, mérite alors une attention particulière.

2. Les Nouvelles Instances de Dialogue (NIDs) de l'INNE

Nos territoires nous parlent, ils ont une histoire, une trajectoire, mais que nous disent-ils ? Pour répondre à cette question, il est nécessaire d'instaurer des espaces ou des instances de dialogue où les habitants de ces territoires (humains, non humains, vivants et non-vivants – ancêtres et générations futures, légendes) peuvent se mettre en relation pour que les décisions prises puissent être coconstruites dans un intérêt partagé.

Nos limites conceptuelles. Mais bien qu'actuellement cette nécessité soit reconnue, elle n'est pas encore effective faute de méthodologie éco-centrée et de médiateurs (écociateurs) formés en équipe à ce type de rencontres hors du commun. Par exemple, concernant les parcs naturels, l'exemple de la Charte du Parc Naturel des Bauges est intéressant tant elle souligne dès l'introduction le besoin de reconnexion des humains avec la nature. Les termes du texte sont ainsi formulés : « Demain, les sociétés humaines encore plus urbaines, artificialisées, connectées auront tendance à se "déshumaniser". Les hommes éprouveront alors le besoin d'espaces de respiration, de ressourcement, de reconnexion avec la nature et surtout de

[1] Alain Ducass, Médiation Agile, Médias et médiations, 2023.

bien-être. Ils chercheront à réapprendre les relations intimes entre la nature et l'homme »[1]. Pour autant, l'analyse du processus de mise en dialogue qui s'est opéré pour rédiger cette Charte de manière collaborative, bien qu'utilisant des outils de médiation et d'animation participative de dialogue de groupes très à la pointe, actuels et intéressants (World-café avec les citoyens et les socio-professionnels, petits déjeuners du parc avec les élus, Canvas avec les jeunes, Design-thinking avec le conseil scientifique, Web-conférence pour tous, Forum ouvert pour tous, Atelier spécifique avec les élus et certains acteurs)[2], n'applique a priori pas d'outils ou de méthodes de dialogue avec le vivant. Dans cet exemple, les non-humains, vivants et non-vivants restent des acteurs silencieux et invisibles et il ne semble pas que, dans les propos recensés, une recherche de la place des invisibles ait été opérée. Les outils de la relation au monde de la nature ne sont donc pas encore intégrés, car aucun outil dépassant la relation strictement humaine n'est mentionné malgré l'objectif et l'intérêt que portent les acteurs à un retour à cette connexion.

Travailler « hors du cadre ». Pour provoquer et formaliser ces rencontres d'un nouveau genre, la première étape va consister à accepter de se mettre en dialogue avec le vivant (négociation écologique), c'est-à-dire accepter de s'émanciper de certains cadres décisionnels limitants (souvent budgétaires, temporelles et/ou administratives), et de s'ouvrir à des cycles de dialogues « hors du temps »,

---

[1] Charte du Parc Naturel Régional du Massif des Bauges 2023-2038, disponible en ligne :
https://www.parcdesbauges.com/fr/revision-charte#.YtFwYy0is0p

[2] Stratégie de la Charte du Parc Naturel Régional du Massif des Bauges 2023-2038, disponible en ligne :
https://www.parcdesbauges.com/images/_19-05_Charte_STRATEGIE_210x270_Pap_BDef.pdf

évolutifs et itératifs[1]. Cette émancipation permet alors de s'ouvrir au monde du vivant et d'entrer dans une temporalité et une complexité nouvelle. Pour commencer, cela peut prendre la forme d'une rencontre en forêt qui éveille la diversité des sens des acteurs en les sortant de leur zone de confort. Cette pratique rend les participants plus alertes, plus vulnérables et donc plus sensibles et réceptifs dans leur positionnement et leur discours[2].

Une fois accepté, notre processus se formalise dans un second temps par la création, au sein des territoires, de Nouvelles Instances de Dialogue (NID)[3]. Ces NIDs permettent la rencontre et la mise en dialogue entre les tensions humaines et non humaines. Elles visent à redimensionner les relations territoriales dans une cartographie sensible[4] et à mobiliser les informations dans une perspective de coviabilité durable du vivant, sur des échelles à la fois locales et globales pouvant dépasser les cadres actuels (tracés cadastraux, décisions administratives).

La mise en place d'une éco-médiation comprenant une pluralité d'acteurs doit pouvoir se déployer dans un cadre propice au type d'échanges que nous souhaitons voir émerger. Pour stimuler cette action, il est nécessaire de

---

[1] Olivier Barrière, Séverine Carrez, et Adélie Pomade. « Droit des communs, droit d'une intendance territoriale, pour une post-modernité du droit de l'environnement », *Revue juridique de l'environnement*, vol. 48, no. HS22, 2023, pp. 323-344.

[2] Céline Kapral et Séverine Carrez, Intégrer l'écologie dans nos médiations, revue intermédiés n°13, semestriel mai 2023, p.56.

[3] Les Nouvelles Instances de Dialogue (NID) formalisent la création d'un espace d'échanges et de dialogue « hors-cadre et hors-temps », favorisant la rencontre entres les humains et le non-humain. Elles sont décrites et définies dans l'ouvrage : S. Carrez, « Éco-médiation : Devenir Écociateurs : les médiateurs du vivant », 2023.

[4] A. Debusschère, « Contributions paysannes en terre alpine : Représentation et négociation avec l'invisible en pays du Mont-Blanc », *Journal of Alpine Research | Revue de géographie alpine* [En ligne], Transitions, mis en ligne le 05 mai 2023, consulté le 17 octobre 2023. URL : http://journals.openedition.org/rga/11325

créer un cadre confortable où l'expression sera libre et authentique. Les acteurs doivent donc se sentir en confiance. Par ailleurs, nous souhaitons également pouvoir écouter le non-humain, vivant et non-vivant. Le cadre doit donc permettre aux humains de s'ouvrir à cette expérience nouvelle qui accueille des informations sensibles. Pour le permettre, nous nous referons à ce que l'humanité a eu l'occasion d'expérimenter à travers le temps : « les êtres humains ont toujours eu besoin de lieux transitionnels et emblématiques de leur organisation sociale pour échanger et prendre des décisions impactant le fonctionnement de la communauté. Les Amérindiens ont construit de grands tipis pour leurs conseils et leurs réunions tribales. En Grèce antique, c'est l'agora qui porte la symbolique des pourparlers et des débats citoyens comme le forum romain empreint de mixité sociale »[1]. Chaque territoire devra donc trouver la forme qui convient à l'expression de son identité, celle qui lui semble la plus propice à cette rencontre entre les acteurs visibles et invisibles. L'expérience de rencontres en cercle (exemple des cercles de paroles) et en pleine nature peut être une piste pour permettre à chacun de ressentir son lien d'attachement au monde naturel. Le choix du lieu a pour particularités d'être immersif, c'est-à-dire de permettre aux personnes en dialogue d'être en immersion totale au sein du territoire et de la problématique en jeu.

À cet égard, lors de l'expérience ayant mis en relation le peuple Kogi avec les chercheurs scientifiques et les acteurs de la Drôme, a été réalisé « le Baptême de la Nuhé de la Comtesse qui « offrait aux participants un cadre pro-

---

[1] Jean-Michel Bourelle , L'arbre à palabre : un outil privilégiant l'échange et la co-construction en éducation thérapeutique du patient, AFDET santé et éducation, vol.29, 2019, pp.24.
https://www.afdet.net/wp-content/uploads/2019/09/jm_bourelle-larbre-palabre.pdf

pice aux échanges, en pleine nature, dans un lieu non urbanisé au confort rudimentaire [...]. À la fois temple et lieu collectif, les Nuhés sont pour les Kogis des lieux de partage et d'échange, qui permettent le "dialogue" avec le territoire. Pour les participants présents au baptême, il s'agissait de partager ce temps fort au vu de la dimension spirituelle et symbolique des Nuhés, et d'avoir un aperçu de la culture Kogi »[1].

Pour un autre exemple concret de règlement d'un différend, prenons le cas d'une problématique liée à un élevage porcin. Cette problématique nécessite de réunir un ensemble d'acteurs, de personnalités qui généralement s'attaquent en justice pour faire entendre raison et résoudre le problème selon le droit. À travers une NID, l'approche est in situ, les rencontres s'opèrent au plus proche de l'élevage, sur le terrain de l'éleveur. Cette instance permet l'échange et le dialogue entre une dizaine d'humains et va permettre d'intégrer le non-humain au plus près des échanges. Le cadre ayant un impact conscient ou inconscient sur le dialogue, l'omniprésence des animaux, du contexte en tension, permet aux acteurs de ressentir au plus près ce qu'évoque pour eux cette problématique. Un travail sur le monde invisible et silencieux, médié par un écociateur pourra ainsi créer les conditions d'un dialogue authentique allant au-delà des échanges traditionnels.

Le principe d'autonomie de l'éco-médiation. Pour créer ces espaces de dialogue hors du temps et hors cadres administratifs ou politiques, ceux-ci s'appuient sur le principe d'autonomie de la médiation. Comme le précise Michèle Guillaume-Hoftnung, « la médiation n'a besoin que du tiers et de son processus propre, fondement de son

[1] Diagnostic croisé – Drôme, Septembre 2018 Rapport d'exécution, màj 2020, Tchendukua – d'ici et d'Ailleurs

autonomie conceptuelle. La médiation n'est pas une sous-catégorie ni même un adjuvant de certaines techniques de résolution non juridictionnelle des conflits. Elle n'est pas non plus une province de la justice »[1]. C'est sur cette autonomie conceptuelle de la médiation que nous nous appuierons pour développer nos propos, d'autant que la conception même de la médiation appliquée au champ de l'environnement, et que nous qualifierons ensuite d'éco-médiation, invite à cette émancipation du cadre.

À cet égard, notre intention étant de proposer la création d'instances autonomes permettant un dialogue humain – non-humain, cette position nous permet d'imaginer un processus indépendant des cadres juridiques contraignants et nous permet ainsi de faire appel tant aux sources du droit négocié (créateur de droit entre les parties) qu'au droit endogène (créé par et pour les habitants). Comme nous l'aurons compris, dans notre proposition, nous souhaitons ouvrir le champ des possibles et accepter un regard juridique décloisonné, adapté à un nouveau paradigme fondé sur la relation, et une requalification du territoire, non pas selon ses fondements et sa structure administrative, mais selon le prisme de la création de son identité. Cette vision n'est donc ni top-down, ni bottom-up mais collective et complexe, car écologique. Pour cela, il est nécessaire recourir à des médiateurs spécifiquement formés à ce type de cadre et de dialogue : les écociateurs.

3. Les écociateurs : les médiateurs du vivant

Un travail d'équipe. Il s'agit d'un nouveau profil de médiateurs formés à l'encadrement des dialogues complexes, sensibles, multiscalaires et transcendantaux, permettant de mettre en lumière les tensions profondes d'un

---

[1] Michèle Guillaume-Hoftnung, La médiation, Que sais-je, 8ème édition, 2015, p.74.

territoire liées à sa santé écologique, et de prendre des décisions sur des données et des informations scientifiques et sensibles. Touchant à des domaines sensibles, il nous semble nécessaire et même central que ce travail s'effectue en équipe de médiateurs et d'écociateurs, de manière à renforcer le cadre et garantir sa trajectoire. La structure de l'INNE invite d'ailleurs au perspectivisme, c'est-à-dire à la confrontation des angles de vues (éthiques, scientifiques, sages, etc.) dans l'encadrement même de l'éco-médiation. Par ailleurs, certains peuples autochtones répondent à ce besoin de collégialité en mettant en place des collèges de « lecteurs du sensible », « d'interprètes du monde spirituel », car « c'est en croisant leurs visions qu'ils tentent de tromper les pièges de l'esprit, de faire émerger l'essence d'une tendance, d'un message commun déchiffré dans d'autres dimensions »[1].

Des capacités nouvelles. L'équipe de médiateurs et d'écociateurs devra donc mobiliser dans la construction de sa méthode, certains aspects peu classiques, voire innovants, pour répondre aux besoins de sa médiation. Elle doit notamment être formée à l'ouverture des cercles de conscience. Cette notion est topique dans notre approche de la rencontre entre les mondes. Paolo Freira explique que cela permet, à travers le partage d'informations (orales, visuelles, matérielles...), d'augmenter la vision et la compréhension des acteurs et leur zone de conscience, ce qui les rend plus prompts à approcher, petit à petit les questions d'écologie globale. S'ouvrir à soi, découvrir sa capacité à accueillir de nouvelles connaissances, de nouveaux champs de conscience, et s'ouvrir à l'autre font donc partie intégrante des mécanismes que doivent savoir créer les écociateurs du dialogue humain – non-humain.

[1] Aurélie Debusschère, Les sagesses ancestrales comme catalyseur d'innovations dans les socio-écosystèmes ruraux et de montagne, Mémoire M2 Grenoble, 2020-2021.

Lors de la mise en place de l'éco-médiation, l'équipe d'écociateurs devra porter cette recherche de rencontre sur une pluralité d'aspects qui dépassent les médiations traditionnelles pour se diriger vers le méta-dialogue (en delà du mental, en delà de l'humain) ou le dialogue transcendantal.

Les écociateurs sont des médiateurs d'informations subtiles. Ils découvriront à mesure de leurs expériences, cette confrontation des mondes, des visions, des perceptions et avec leur neutralité et leur impartialité, transmettront aux uns et aux autres, des éléments d'un destin que nous devons régir en commun. Comprendre le non-humain est une des clés d'un avenir éclairé et porteur d'espoir pour nos générations futures. Apprendre à soigner nos relations avec l'invisible et le silencieux est une nécessité cruciale et permettre la rencontre entre ces réalités est l'enjeu majeur de notre siècle et ceux à venir que nous souhaitons poser à travers le principe de négociation écologique.

Les écociateurs auront donc ce rôle de faciliter l'ouverture des consciences au non-humain par l'hypothèse acceptée de son existence, de l'incertitude et de la découverte du tout possible. En misant sur l'augmentation de l'acceptabilité des décisions territoriales intégrant des informations relatives aux sciences du vivant et aux disciplines sensibles parfois non reconnues, il nous semble qu'un changement de paradigme profond, une conversion écologique sont possibles. Le chemin est encore long pour intégrer ces propositions dans la structure organisationnelle publique occidentale[1].

[1] Le rôle du secteur privé, dans le cadre de l'application de la RSE ou du devoir de vigilance pourrait être d'une grande aide.

CHAPITRE V

Une médiation inédite en matière environnementale : « faciliter le dialogue entre riverains et agriculteurs sur les pratiques agricoles en campagne rochelaise »

Myriam BACQUE, médiatrice, formatrice, Maison de la communication à La Rochelle.

La médiation de projet en matière environnementale peut être définie comme un processus de dialogue destiné à accompagner la réalisation d'un projet défini, facilité par un (ou des) tiers médiateur(s), et ce en l'absence de conflit ouvert.

Ce processus amiable structuré offre l'opportunité aux parties prenantes concernées par la problématique environnementale, objet de la médiation, de se rencontrer et d'échanger directement, dans un espace sécurisé, collaboratif et démocratique. Grâce à la médiation, il s'agit alors, pour les parties prenantes identifiées dans le projet, de mieux se connaître, de se reconnaître dans leurs réalités quotidiennes, dans l'expression de leurs émotions, leurs attentes et espoirs respectifs, en confrontant leurs différences de points de vue et ressentis, de façon respectueuse et non violente.

Au cours du processus de médiation de projet, il s'agit d'imaginer et de co-construire ensemble, dans une approche systémique complexe où personne ne peut détenir seul la vérité objective, des pistes de solutions qui majoritairement ne dépendront pas du pouvoir de décision des personnes réunies dans l'espace de médiation. En effet, les propositions de solutions qui émergent des débats permettront, si elles sont reprises par les instances politiques concernées, d'atteindre pacifiquement et de façon concertée, les objectifs fixés par le projet environnemental.

1. Le contexte et la méthodologie de la médiation de projet confié à la Maison de la Communication

a. Les faits à l'origine de la médiation et le choix du centre

La médiation de projet que la Maison de la Communication a eu à mener, de l'été 2022 au printemps 2023, concerne un sujet à haute intensité émotionnelle sur le territoire rochelais : l'utilisation des pesticides de synthèse, selon l'expression médiatique et populaire, ou appelés produits phytosanitaires, selon le vocable utilisé par le monde agricole.

La question des risques sur la santé publique des pesticides autour de la ville de La Rochelle a pris une ampleur médiatique particulière, en Charente-Maritime et sur La Plaine d'Aunis, à la suite d'une alerte lancée par le CHU de Poitiers en 2018 qui enregistre une recrudescence des cancers pédiatriques auprès d'enfants vivant aux portes de la cité rochelaise. En effet, par sa géographie et sa situation près du grand port maritime de La Rochelle, la campagne environnante présente de grandes cultures céréalières de type conventionnel aux abords des habitations, l'urbain côtoyant la ruralité.

L'exposition des populations aux produits phytosanitaires est donc une problématique importante identifiée sur le territoire de la Communauté d'agglomération de La Rochelle. Une campagne de mesures des molécules de produits phytosanitaires dans l'air a été réalisée sur ce territoire en 2019. Les résultats de l'étude et les risques sur la santé des populations ont incité la Communauté d'Agglomération de La Rochelle et la Chambre d'agriculture de Charente-Maritime à engager un travail sur la réduction de l'exposition aux pesticides des populations et à poursuivre la surveillance de l'air et de l'eau.

En 2021, la Communauté d'Agglomération de La Rochelle et la Chambre d'Agriculture ont donc déposé une candidature auprès de la DREAL en réponse à un appel à projets du Plan régional Santé-Environnement de la Région Nouvelle Aquitaine intitulé : *« Initiatives locales visant à la réduction des expositions de la population aux pesticides agricoles »*. Le projet vise à initier une stratégie territoriale et un programme d'actions concertées, pour diminuer l'utilisation des produits phytosanitaires en périphérie de zones urbanisées et accompagner les acteurs par une meilleure connaissance des pratiques, des impacts sur la santé et une meilleure visibilité du risque.

Sur un territoire d'expérimentation composé de cinq communes, Montroy, Bourgneuf, Clavette, St Rogatien et Périgny, le dossier de candidature déposé auprès de la DREAL contient donc un plan d'actions à mettre en œuvre jusqu'à la fin 2023. Les trois actions lauréates sont partagées entre la Chambre d'Agriculture (outil d'information des traitements Agricivis et réflexion sur l'assolement) et l'Agglomération rochelaise, par une rencontre agriculteurs et riverains, objet de la médiation de projet. Pour ce dernier point, le constat partagé par les deux structures, CDA et Chambre d'Agriculture, est un déficit de relation et de communication entre agriculteurs et habitants. Renouer le dialogue permettrait alors de répondre aux questions des riverains sur les pratiques des agriculteurs et sur des actions d'amélioration à mettre en place sur le territoire.

La médiation voulue par la Communauté d'agglomération de La Rochelle et la Chambre d'agriculture doit donc *« faciliter le dialogue entre riverains et agriculteurs sur les pratiques agricoles en campagne rochelaise »*. Il s'agit spécifiquement, pour la CDA, prescriptrice de la médiation, d'accompagner la transition agroécologique sur ce territoire des cinq communes, symptomatique de la complexité environnementale de notre temps où les agriculteurs côtoient les habitants-consommateurs, sans que personne ne se connaisse vraiment, ne se rencontre si ce n'est, parfois, par des attitudes agressives liées à des incompréhensions réciproques, débouchant sur des incivilités.

Après consultation, le Centre de médiation Maison de la Communication, Centre de médiation assermenté près la Cour d'appel de Poitiers, Bordeaux, Rennes et Paris et Centre de formation partenaire de l'Université de La Rochelle en matière de formation diplômante de médiateurs, a été retenue pour conduire cette action de facilitation selon le processus suivant :

- Identification des différentes parties prenantes et constitution des panels de riverains et d'agriculteurs selon des critères définis par le Centre de médiation

- Communication publique sur le guide méthodologique de la médiation de projet[1]
- Entretiens préparatoires séparés avec chaque partie prenante : riverains, agriculteurs, élus et l'association locale en première ligne, identifiée en tant que « tireur d'alerte » Avenir Santé Environnement (ASE)
- Animation de la première séance plénière de janvier 2023 par douze médiateurs suivant le nombre définitif de participants aux tables de médiation
- Élaboration d'un compte rendu des résultats obtenus à chacune des tables
- Animation d'une deuxième séance plénière en février 2023, dédiée à la co-création de pistes de solutions collectives encadrée par seize médiateurs
- Animation d'une troisième réunion plénière de restitution en public du processus de médiation en mars 2023.

Pour l'ensemble de ces actions, la Maison de la communication a pu mobiliser jusqu'à 16 médiateurs partenaires du Centre, tous diplômés en médiation grâce à son action de formation, depuis 2014, sur le territoire et tous indépendants des parties prenantes. Elle a aussi bénéficié de l'appui d'universitaires de La Rochelle-Université pour faciliter le travail de synthèse des questionnaires préparatoires et pour la mise à jour des thèmes à débattre en plénière.

b. La méthodologie appliquée à la médiation de projet

D'emblée, comme pour toute prescription de médiation collective, les médiateurs doivent s'interroger à bon es-

[1] Annexe 1 : Guide méthodologique de la médiation de projet.

cient sur le processus à déployer et trouver les réponses adaptées par rapport à la déontologie et à l'éthique du médiateur afin de désamorcer, en amont, tous risques et pièges qui se font jour dans la mise en œuvre de la médiation.

Quel prescripteur pour cette médiation : qui dit quoi à qui et pour quoi faire ?

Lors de la saisine du Centre, nous pouvions imaginer qu'il existait deux prescripteurs de la médiation puisque l'appel d'offres auprès de la DREAL Nouvelle Aquitaine dans lequel était inscrit le projet de médiation avait été déposé concomitamment par la CDA et la Chambre d'agriculture. Or, lors du premier rendez-vous d'organisation de la médiation avec les deux commanditaires, les médiateurs ont suggéré d'identifier la CDA comme unique prescripteur de la médiation et ont proposé à la Chambre d'agriculture de faire partie de la partie prenante « agriculteurs » même si tous les agriculteurs ne pouvaient pas être confondus avec l'organisation représentative. En effet, la partie « agriculteurs » était plus large que la chambre d'agriculture, certains agriculteurs et majoritairement les agriculteurs bios, ne s'inscrivant pas dans la représentation consulaire.

Par ailleurs, dès l'origine, la médiation s'inscrivait dans le programme suivi par un Comité de pilotage au sein même de la CDA et qui rendait régulièrement compte aux élus des avancées du programme *« Initiatives locales visant à la réduction des expositions de la population aux pesticides agricoles »*. Or, après une réunion du COPIL à laquelle assistait le centre de médiation, il est devenu indispensable de sortir les médiateurs de cet espace politique pour conserver la liberté et l'indépendance de la médiation, d'autant que les élus pouvaient vraisemblablement détenir un objectif de disparition des pesticides que les médiateurs ne pouvaient pas privilégier pour respecter l'équilibre de traitement entre les parties et la neutralité de la médiation.

Quid des parties prenantes ?

Ce fut un des enjeux majeurs de la médiation de projet de définir les parties prenantes et d'opérer le « recrutement » des personnes volontaires qui allaient participer aux échanges. Le centre de médiation a ainsi rapidement identifié quatre parties prenantes dont deux étaient centrales puisqu'elles étaient nommément identifiées dans l'appellation de la médiation de projet : les riverains et les agriculteurs.

Toutefois, il a fallu faire accepter aux deux autres parties qu'elles soient moins nombreuses autour des tables de médiation que les deux parties centrales. Les médiateurs ont donc choisi de proposer le même nombre d'élus présents que de membres de l'association Avenir Santé Environnement dont certaines personnes avaient eu, dans leur famille, un enfant atteint de leucémie.

Comment recruter les riverains et les agriculteurs de façon équilibrée et neutre ?

La Maison de la Communication a organisé et centralisé le recueil des candidatures des habitants souhaitant participer à cette médiation. Deux modes de recrutements ont été réalisés sur la base d'un appel à volontaires sur chacune des cinq communes et d'un tirage au sort sur les listes électorales pour être totalement représentatifs de la population. Au total, ce sont dix habitants par commune qui ont été invités aux réunions, soit cinquante riverains au total.

Les agriculteurs pouvaient, quant à eux, s'inscrire directement auprès de la Maison de la Communication ou passer par l'intermédiaire de la Chambre d'Agriculture. Le monde agricole était représenté par cinquante personnes également (agriculteurs, élus de la Chambre d'Agriculture, Coopératives agricoles). Le Centre de médiation a demandé à la Chambre d'agriculture qu'il y ait deux tiers d'agriculteurs conventionnels et tiers d'agriculteurs bios, afin d'enrichir le dialogue grâce à une diversité des pratiques agricoles, ce qui surreprésentait le bio par rapport à la réalité de terrain, au regard du faible nombre d'agriculteurs bios en Charente-Maritime par rapport aux agriculteurs dits conventionnels.

Quelle place pour les mouvements citoyens de défense de l'environnement ?

De nombreux mouvements informels ou associations de défense de l'environnement ont frappé à la porte de la médiation, souhaitant participer aux réunions. Là encore, les médiateurs ont dû faire preuve d'autorité naturelle et de cohérence pour éviter de se laisser déborder et de prendre le risque de déséquilibrer le processus en laissant les agriculteurs bien moins représentés que les autres parties qui partageaient des opinions similaires. Ainsi, les médiateurs ont profité de l'implantation locale d'Avenir Santé Environnement sur le territoire des cinq communes identifiées, pour refuser la présence d'autres associations non représentatives de cet espace précis. Cela n'a pas empêché de créer un appel d'air favorable pour l'association ASE qui a vu augmenter ses effectifs, sans doute pour permettre à des personnes qui souhaitaient s'exprimer en médiation, de pouvoir le faire en rejoignant l'association devenue partie prenante.

Comment garantir un équilibre des forces en présence pour permettre le dialogue ?

Il fallait compter au total sur cinquante riverains, cinquante agriculteurs, douze élus dont deux élus par commune auquel se sont adjoints, l'élu en charge du Plan alimentaire de Territoire et celui délégué à l'eau ainsi que douze membres d'ASE. Sur le papier, l'équilibre était affiché et la volonté des médiateurs de faire respecter la parité « homme-femme » clairement exprimée. Il n'en fut pas moins vrai que le jour des réunions, tant préparatoires que plénières, les médiés ne se déplaçaient pas toujours et les médiateurs ne pouvaient pas garantir l'équilibre entre les parties prenantes, d'autant qu'une des dates de plénières, fixée par avance, tomba le jour de la mobilisation nationale contre la réforme des retraites, ce qui dissuada de nombreuses personnes de faire le déplacement pour participer à la médiation.

De plus, nous savions tous qu'il y avait une proximité en faveur de la fin des pesticides entre les élus et ASE, rejoints par les riverains alors que les agriculteurs pouvaient, bien légitimement, se sentir isolés et en résistance dans l'expression de leurs propres vécus et objectifs dans la médiation.

C'est la raison pour laquelle, les médiateurs ont dû redoubler d'efforts aux tables pour permettre un équilibre de traitement et un dialogue effectif afin que les agriculteurs ne se sentent pas seuls contre tous.

2. Un processus évolutif guidé par l'esprit de la médiation et ses principes éthiques

a. La souplesse de la médiation : des entretiens séparés préparatoires libérateurs de parole aux réunions plénières, lieu où se vit l'altérité

Ce premier temps de médiation, préalable et séparé, était indispensable pour prendre la mesure des attentes de chacun au sein même des collectifs dont la médiation ne connaissait pas les contours précis, notamment en raison d'une inconnue, à savoir le nombre de participants qui se déplacerait du côté des riverains et des agriculteurs. Personne ne savait alors s'il y avait de réelles équipes soudées autour d'opinions concordantes au sein même des quatre parties prenantes, si ce n'est pour les membres d'ASE.

La gestion des réunions individuelles a alors été facilitée par l'utilisation d'un questionnaire rempli par les personnes et débattu *in situ*, commun à chacune des quatre parties prenantes[1]. Ce premier temps riche en échanges a permis à chaque personne de s'exprimer autour des réponses apportées sur leur questionnaire et à débattre entre pairs riverains, agriculteurs, élus, militants d'ASE.

Toutefois, à l'issue des réunions préparatoires propres aux quatre parties prenantes, les médiateurs ont réalisé qu'il n'y avait pas d'objectif commun minimum clairement partagé sur la médiation, ce qui rendait délicate l'organisation de la première réunion plénière.

C'est pourquoi les médiateurs ont fait le choix d'une nouvelle réunion préparatoire entre riverains et agriculteurs uniquement, cette fois, pour faire émerger un objectif ou un questionnement commun qui serait ensuite travaillé, par tous, en plénière.

---

[1] Annexe 2 : pour exemple, la synthèse des réponses au questionnaire préparatoire des riverains.

Lors de cette réunion préparatoire travaillée de façon concomitante, en petits effectifs sur trois tables de médiation, un objectif partagé a pu être obtenu grâce à la mise en commun, objectif qualifié de scénario 1 : « *Des solutions locales, sereines et concrètes par un moyen direct qui permettrait de mieux se connaître, en dialoguant, en s'expliquant, pour bien vivre ensemble, avec l'implication de toutes les parties prenantes.* » Par ces mots, agriculteurs et riverains pouvaient travailler ensemble en plénière. Il nous appartenait maintenant de faire reconnaître cet objectif aux deux autres parties et de vérifier ainsi que le scénario des riverains et agriculteurs convenait aux élus et à ASE.

Pour équilibrer le processus, les médiateurs ont donc dû réorganiser une nouvelle réunion préparatoire avec les élus, d'une part, et avec les membres d'ASE, d'autre part. De ces nouveaux échanges en entretiens séparés, un second scénario a émergé de la part d'ASE : « *S'accorder sur les problématiques de santé et de biodiversité représentées sur notre territoire, dans le but de lancer la transition agroécologique qui marquera la sortie des pesticides de synthèse, en respectant des étapes claires et en s'appuyant sur un accompagnement mutuel et solide* ». Les élus ont accepté de travailler l'un et l'autre des deux scénarios lors de la première réunion plénière.

De fait, les deux hypothèses ont été travaillées indifféremment, au hasard de l'organisation des tables de médiation, par toutes les parties prenantes.

Pour faciliter les échanges, de ces deux scénarios voulus par les parties prenantes, les médiateurs, avec l'aide des universitaires, ont structuré des thèmes soumis à débat. Pour chacun des scénarios, quatre thèmes ont été extraits qui ont ponctué les échanges entre les quatre parties prenantes aux tables de médiation.

Pour le scénario 1, il s'agissait des :

- Comportements (agriculteurs, riverains, élus, la SAFER, le PLU)
- Réalités du monde agricole et les évolutions actuelles et futures
- Coûts par rapport aux évolutions, les aspects financiers pour les agriculteurs et les consommateurs
- Produits phytosanitaires.
- Pour le scénario 2 étaient abordés les points suivants :
- La cohabitation agriculteurs/riverains, protection des riverains tout de suite
- La santé, enjeux sanitaires
- Les aides aux agriculteurs, accompagnement au changement
- Les pesticides de synthèse.

Enfin, à partir de ces échanges et des comptes rendus relevés à chacune des tables de médiation, les médiateurs ont organisé une seconde réunion plénière destinée, cette fois, à dessiner des pistes de solutions, à court et moyen terme, ici localement, ou plus tard et plus largement, au niveau national ou européen.[1]

b. L'esprit de la médiation de projet, les principes éthiques en tension et la spécificité de la médiation environnementale

Le processus est fondé sur une croyance positive qui se révèle effective dans l'exercice de la médiation : il s'agit de conduire les parties prenantes sur le chemin (d'où le nom de processus) d'une reconnaissance mutuelle des réalités de chacun. Elle permettra de construire une vision commune, d'où pourra émerger un intérêt collectif. La

[1] Annexe 3 : Synthèse des solutions générales.

médiation fait donc le pari de l'autonomie et de la responsabilisation des parties prenantes (*empowerment*) qui, ensemble, sont en capacité de modifier leur position et de transformer leur propre « carte du monde », en créant une nouvelle relation. *In fine*, si possible, la médiation participe d'un mouvement de co-développement et de cocréation de pistes de solutions acceptables pour et par tous (par l'émergence d'un consensus et d'une histoire commune à écrire).

Il est acquis que quatre principes encadrent la posture éthique du médiateur :

- **L'indépendance :** les médiateurs ne se confondent pas avec les différentes parties prenantes même si chaque médiateur, par sa propre citoyenneté et sa sensibilité vis-à-vis des enjeux de santé publique liés aux pratiques agricoles, se sent concerné par le résultat de la médiation ;
- **La neutralité :** les médiateurs sont sans pouvoir de décision, ni fonction consultative sur le fond des débats, ils ne conseillent pas et n'arbitrent pas, les solutions émergeant uniquement du travail collaboratif entre les parties prenantes ;
- **L'impartialité :** les médiateurs s'engagent à considérer les parties prenantes de façon égalitaire en respectant les temps de parole et le nombre d'entretiens dédiés à chaque partie prenante, la qualité de l'écoute portée à chacun, quelles que soient son origine et sa qualité dans la médiation ; l'équidistance et la multipartialité font partie de la posture de tiers, c'est-à-dire que les médiateurs se tiennent aussi près des uns que des autres ;
- **La confidentialité** : elle est totale sur le contenu des échanges eux-mêmes et sur l'expression des ressentis des parties prenantes. En revanche, le principe de la médiation de projet, c'est-à-dire son existence

même, sa méthode et son déroulé peuvent être rendus public ; ainsi les médiateurs peuvent être amenés à répondre à des interviews auprès des médias, uniquement sur le processus lui-même et non sur leurs éventuelles opinions au sujet du fond de la médiation de projet et sur la problématique à accompagner. Ce fut d'ailleurs le cas puisque le Centre de médiation a participé aux conférences de presse organisées par le prescripteur de la médiation, la CDA et animées par l'élu responsable des questions de santé, en charge du processus amiable.

Une tension s'exerce indéniablement sur la médiation et les médiateurs au regard de la qualité de la partie prenante « élu ». Dans la mesure où la CDA était prescriptrice de l'action de médiation, cette tension s'exerçait à travers notre devoir d'information sur notre méthode et les objectifs de la médiation, tout en préservant notre indépendance, neutralité, impartialité et la confidentialité des entretiens préparatoires avec chacune des parties prenantes.

Pour faciliter la prise en compte de cette tension sur les médiateurs, pendant le temps de la médiation, ces derniers sont régulièrement en analyse de leur pratique professionnelle. Ils peuvent donc exprimer, dans un cadre sécurisé, ce qui leur semble délicat au cours dudit processus amiable et se recentrer sur leur posture professionnelle afin de ne pas ressentir de pression indue ou d'obligation de résultat.

Par ailleurs, si en médiation généraliste il est parfaitement acquis que le médiateur a la qualité de tiers indépendant, neutre et impartial, en médiation environnementale, cette posture éthique du médiateur est bouleversée à plusieurs égards.

Le principe de **neutralité**, qui suppose que le médiateur ne doit pas porter d'opinion ni apporter de solutions qui pourraient le servir personnellement, paraît en effet questionné en matière de médiation environnementale puisque le fond des débats touche des problématiques de santé publique, ce qui concerne tout citoyen, même le médiateur.

À propos de l'exigence d'**indépendance** du médiateur, au regard des institutions concernées, la présence des élus, en médiation environnementale, vient perturber sa bonne mise en œuvre. En effet, les élus font parfois peser leurs attentes en termes de résultat et/ou leurs objectifs politiques, sur le processus de médiation ainsi que sur les médiateurs.

L'**impartialité** du médiateur qui suppose une égalité de traitement entre les parties revêt également une difficulté. Si les médiateurs ont tout fait pour que chacun ait la même caisse de résonance, il n'est pas évident de maintenir une réelle impartialité dans ce type de médiation. En effet, il y avait un nombre important de protagonistes, des sachants sur l'environnement qui pouvaient orienter les débats tandis que les profanes pouvaient se sentir mal à l'aise sur les points techniques soulevés par les débats. Dans le cadre de cette médiation de projet, il est à noter que les riverains étaient souvent démunis, s'estimant à tort ou à raison, moins légitimes pour s'exprimer et donc plus taiseux que les autres parties prenantes.

En outre, en matière de **confidentialité**, il apparaît difficile de l'exiger en matière environnementale sur des sujets qui concernent l'ensemble de la population. Il est alors préférable de parler d'anonymat des propos tenus par les personnes puisque les comptes rendus permettaient de savoir ce qui était dit, mais non pas l'identité de l'émetteur.

La médiation environnementale est donc une médiation bien particulière puisqu'elle est également **collective** et nécessite des moyens humains considérables, avec d'importantes conséquences sur la méthodologie et le cadre de la médiation.

Également, dans cette médiation spécialisée, il est difficile de mener le dialogue entre les parties prenantes sans éclairer ces dernières sur **les aspects techniques complexes** que soulèvent l'environnement, les pratiques agricoles, les questions de santé… Les **experts** jouent, à la fois, un rôle primordial dans le processus de médiation environnementale en raison d'une forte attente de la part des médiés, d'informations fiables et objectives alors que, parallèlement, il appartient aux médiateurs d'empêcher que leur mission soit polluée par un débat d'experts. Cela mettrait à mal l'objectif de la médiation qui est bien d'établir les conditions d'un dialogue.

Enfin, la différence essentielle avec les autres types de médiation réside dans **le résultat du processus.** S'il est généralement entendu que la médiation a pour objectif, une fois établie une saine communication entre les parties, de faire émerger des solutions consenties par tous, en médiation de projet environnementale, les solutions n'appartiennent pas aux parties qui ne signeront pas d'accord de médiation.

Dans cette médiation inédite, l'exécution des solutions n'appartient pas à la médiation, une grande partie d'entre elles devront se réaliser sur le plan local, d'autres sur le plan national, ou encore européen. Elles relèvent donc du champ politique, ce qui impose un lâcher-prise sur le résultat et la bonne exécution desdites solutions.

Quant aux méthodes utilisées en médiation environnementale, il s'agit des mêmes que ceux déployés dans les médiations classiques, comme l'écoute active, la mise à jour des besoins fondamentaux ou encore le respect des grandes étapes du processus. Toutefois, il est indispensable de connaître les fondamentaux de l'animation de réunions collectives et l'utilisation d'outils collaboratifs et de co-développement utiles dans ce type de processus.

Conclusion

La médiation a permis le dialogue entre les parties prenantes et l'émergence de vingt solutions locales[1] qu'il appartient aujourd'hui aux acteurs concernés de mettre en œuvre, sous l'impulsion de la CDA de La Rochelle. En effet, elle a donné l'occasion à chacun de se rencontrer, de prendre le temps de se parler et de se comprendre, d'exprimer leurs attentes, mais également d'accepter leurs différences.

Il n'en demeure pas moins vrai qu'une frustration persiste dans les esprits des participants qui peuvent légitimement s'interroger sur les suites de cette action, par crainte qu'il n'y ait pas de réels changements durables sur l'utilisation des pesticides.

La médiation de projet en matière environnementale est destinée à un bel avenir tant les sujets sensibles qui touchent l'avenir de notre planète, relatifs aux énergies renouvelables, à la préservation de l'eau, de l'air ou de la biodiversité sont criants d'actualité et sources de tensions, voire de violence, en France, comme partout dans le monde.

Finalement, en tant que médiateur, il est essentiel de conserver toute son humilité dans ce type de processus amiable tant la tâche est immense et les résultats impossibles à toucher du doigt dans l'instant. Le premier rôle du médiateur sera donc de permettre la rencontre et le dialogue direct entre toutes les parties prenantes, tout en acceptant que les solutions mettent du temps à porter leurs fruits. En l'espèce, l'instantanéité des vingt-deux heures de réunions cumulées dans le cadre de cette médiation singulière ne va pas bouleverser le monde ni l'utilisation des pesticides dans les pratiques agricoles.

[1] Annexe 4 : Synthèse des solutions locales.

Seules les prises de conscience individuelles et collectives et l'expérience exemplaire des échanges respectueux permettront de pérenniser cet espace local de dialogue pour un mieux vivre ensemble dans les campagnes rochelaises. N'est-ce pas là l'essence même de la médiation.

CHAPITRE VI

La médiation en matière de responsabilité sociétale des entreprises (RSE) business – droits de l'homme – une pédagogie et un remède au service du devoir de vigilance des entreprises

Linda BENRAÏS, *professeure affiliée à l'ESSEC, médiatrice, juge-assesseur à la CNDA, ancienne secrétaire générale de GEMME Europe.*

Résumé : La médiation Responsabilité sociétale des entreprises (RSE autrement qualifiée de Business-Droits de l'Homme) connaît un développement domaine important avec l'émergence du devoir de vigilance qui s'impose aux entreprises et les normes visant à concourir aux objectifs mondiaux de développement durable pour faire face aux enjeux et défis environnementaux, sociaux et de gouvernance. Le présent article revient sur la genèse et le corpus de la médiation en contexte RSE qui vont peu à peu asseoir le devoir de vigilance dès les entreprises puis se penche sur les nombreux terrains d'application au niveau interne et externe des entreprises et des organisations. Il tend à démontrer qu'au-delà de la conformité, la médiation est un outil et un remède au service du devoir de vigilance pour les entreprises et les organisations.

La médiation en matière de RSE-responsabilité sociétale des entreprises s'inscrit dans le cadre des Objectifs de développement durable de l'ONU à Horizon 2030, adoptés en 2015 et dans le cadre de l'adoption de la Directive européenne sur le devoir de vigilance adoptée par le Parlement le 1er juin 2023.

La médiation RSE recouvre les enjeux sociaux, environnementaux que de gouvernance (ESG) qui sont interconnectés. S'il ne s'agit pas d'un secteur nouveau de la médiation sur le plan international, son apparition coïncide en France avec la loi sur devoir de vigilance en matière de droits humains du 23 mars 2017 [1]qui consacre le tournant des normes auparavant volontaires, désormais rendues obligatoires pour les grandes entreprises notamment transnationales. Le développement de la médiation dans le cadre de la Justice du XXIe siècle, en favorisant l'essor de la médiation, va faciliter l'émergence sur ce terrain de vigilance face au défi du changement climatique entraînant des transformations sociétales.

Au niveau international, l'effondrement catastrophique du Rana Plaza à Dacca[2], au Bangladesh, qui avait fait plus de 1 127 morts, avait mis en lumière les conditions déplorables

---

[1] LOI n° 2017-399 du 27 mars 2017 relative au devoir de vigilance des sociétés mères et des entreprises donneuses d'ordre (1)

[2] Human Rights Watch: Bangladesh: Tragedy Shows Urgency of Worker Protections.

des travailleurs dans les usines de confections locales travaillant tous pour des marques internationales occidentales portées par les grandes entreprises notamment de la *Fast Fashion.* Plusieurs autres affaires ont depuis alimenté l'actualité en dénonçant les violations des droits humains opérées par les grandes entreprises, notamment sur le travail des enfants par exemple organisé à plusieurs milliers de kilomètres, dans l'indifférence ou l'absence de connaissance de ces actes par les entreprises. Ces affaires ont mis en lumière que les sous-traitants n'étant pas salariés de l'entreprise, elles ne pouvaient pas en avoir eu connaissance afin de justifier le désengagement ainsi que l'absence de responsabilité.

C'est dans le contexte des violations des droits humains, bien antérieures à l'affaire de l'effondrement du Rana Plaza, que la notion de responsabilité sociale (ou sociétale) des entreprises trouve son origine. La notion de responsabilité sociale ou sociétale des entreprises (RSE) se fonde sur l'idée que les entreprises doivent assumer des responsabilités qui dépassent leur sphère d'activités directes. La RSE (ou *Corporate Social Responsibility*) traduit la façon dont les entreprises prennent en considération les effets de leurs activités sur la société et l'environnement en affirmant leurs principes et valeurs dans l'application de leurs méthodes et procédés que dans leurs relations avec d'autres acteurs (les parties prenantes). Au premier rang des priorités, la RSE recouvre les droits de l'Homme au sens large. Dans cette perspective l'entreprise doit développer une stratégie à long terme en intégrant les intérêts contradictoires des parties prenantes (Friederick 1994) dans le cadre d'une cartographie sociale des acteurs. Le dispositif normatif de la RSE dans le cadre des activités transnationales a connu depuis l'origine en 1976 une importante évolution avec l'adoption du corpus de règles internationales en matière de protection des droits de l'Homme, tout en ouvrant un champ important à la médiation dans ce domaine.

Les violations en matière de droits de l'Homme par les entreprises transnationales (« business et droit de l'homme ») ont été dénoncées par les organisations non gouvernementales (ONG) internationales via internet et les réseaux sociaux. Elles ont pris la forme d'un lobbying puissant et ont poussé les ONG à s'emparer du sujet afin de pallier la protection insuffisante des droits fondamentaux assurée par les législations internes des États et les juridictions nationales des États. C'est dans ce contexte qu'un corpus normatif sur la responsabilité sociétale des entreprises multinationales a vu le jour. Ces normes n'ont toutefois pas eu un effet contraignant puisqu'elles étaient d'application volontaire jusqu'il y a peu.

Pour tenter de cerner les contours de la médiation RSE, qui constitue à la fois une pédagogie et un remède au bénéfice du devoir de vigilance, un retour sur la genèse et le corpus normatif sera retracé avant de se pencher sur les nombreux terrains propices qui devraient représenter autant de défis que d'opportunités.

1. Retour sur la genèse et le corpus normatif de la médiation RSE

S'agissant du corpus normatif RSE, il se compose tout d'abord des dix principes issus du Pacte mondial de l'ONU sur la responsabilité sociétale des entreprises, adopté et lancé en 2000. L'adoption de la norme ISO 26 000, adoptée en 2010, suivie de l'adoption des principes directeurs des entreprises multinationales adoptés le 25 mai 2011. Ce sont également les recommandations de John Ruggie, rapporteur spécial de l'ONU, qui sont venues répondre aux attentes des ONG qui dénonçaient de longue date les nombreuses violations des droits par les multinationales dans le cadre de la mondialisation lesquelles ont eu également un grand écho au niveau international.

Le Pacte mondial des Nations Unies propose un cadre d'engagement universel et volontaire, qui s'articule autour de « Dix Principes » relatifs aux droits humains lesquels intègrent les normes internationales du travail, à l'environnement et à la lutte contre la corruption. Les Dix principes du Pacte mondial des Nations Unies sont issus de la Déclaration universelle des droits de l'homme, la Déclaration de l'Organisation internationale du travail, la Déclaration de Rio sur l'environnement et le développement et la Convention des Nations Unies contre la corruption.

Aujourd'hui le Pacte mondial de l'ONU regroupe 9 500 entreprises et 3 000 signataires ne faisant pas partie du monde des affaires, situés dans plus de 160 pays (dont une majorité se trouve dans les pays en développement) et 70 réseaux locaux.

La norme ISO 26.000 du 1er novembre 2010 relative à la responsabilité sociétale des organisations, qui s'ajoute au corpus normatif précité, présente le grand intérêt de définir comment les organisations (bien au-delà des entreprises privées) peuvent contribuer au développement durable. À ce titre, elle précise les comportements managériaux des entreprises. Elle définit la responsabilité d'une organisation vis-à-vis des impacts de ses décisions et de ses activités sur la société et l'environnement. Afin de respecter ses engagements, l'entreprise doit adopter un comportement transparent et éthique. Elle doit contribuer au développement durable y compris à la santé et au bien-être de la société, prendre en compte les attentes des parties prenantes, respecter les normes en vigueur et les lois internationales. La norme ISO 26000 décrit ainsi deux pratiques fondamentales de responsabilité sociétale que sont l'identification des impacts des décisions et des activités de l'organisation ainsi que l'identification des parties prenantes et le dialogue avec celles-ci.

Bien que peu connue, la norme ISO 26.000 est venue légitimer le recours au dialogue et à la médiation en précisant que la médiation est un mode de dialogue équitable, accessible et transparent. En effet, la norme ISO 26.000 en 2010 encourage le dialogue et la négociation ainsi que la médiation qui permettent de remédier aux droits de l'Homme. En effet, au travers des outils de son questionnement, propre aux modes amiables de règlement des différends, elle questionne le processus managérial en permettant de vérifier non seulement s'il est compatible avec les normes internationales des droits de l'Homme, mais également s'il est fondé le dialogue.

Dans ce contexte, l'Organisation de Coopération et de Développement Économique (OCDE) a institué dès 2010 un réseau des Points de Contact Nationaux (PCN) pour les principes directeurs de l'OCDE sur la responsabilité sociétale des entreprises en ouvrant le champ des possibles à la médiation. Dans ce cadre, le recours à la médiation vise à réparer, prendre les mesures appropriées contre les violations des droits de l'Homme commises par les entreprises. Les PCN ont pour mission d'assurer la protection des droits de l'Homme en organisant une veille et un suivi du comportement des entreprises dans leurs activités à l'étranger. Dès cette époque, toute personne ayant connaissance d'une violation des droits humains par les entreprises peut saisir le PCN sans avoir d'intérêt à agir. Les PCN ont, en vertu des principes directeurs adoptés le 25 mai 2011, pour mission de contribuer à la résolution des questions de manière impartiale, prévisible, équitable et compatible avec les normes énoncées par lesdites directives.

S'agissant du traitement des plaintes sur les violations commises par les multinationales, que celles-ci soient portées devant les PCN de l'OCDE, l'ombudsman local (institution délivrant un service de médiation) ou devant les entreprises, la médiation, comparée aux autres mécanismes de traitement non judiciaire, reste le meilleur outil pour répondre aux critères de participation et de dialogue. En effet, le médiateur intervient comme un pédagogue au service de la norme et de la protection des droits fondamentaux dans des pays où la justice est défaillante et le système de gouvernance est corrompu. En œuvrant ainsi le médiateur va contribuer à l'émergence d'une solution respectueuse des droits humains y compris dans les États dits fragiles. La mise en place d'un tel dispositif de médiation, qui reste peu connu, est souvent l'unique recours pour les populations victimes des abus des multinationales. Le traitement des plaintes reste pour autant très ponctuel lorsqu'il n'est pas relayé par les médias locaux notamment.

La Loi du 23 mars 2017 sur le devoir de vigilance des entreprises, dont le décret d'application est toujours en attente, constitue une avancée importante de la France sur ce sujet remarqué en Europe et qui a sans doute préfiguré quelque peu les avancées en matière de directive européenne sur le devoir de vigilance. La loi du 27 mars 2017 prévoit un plan de vigilance des entreprises en matière de respect des droits humains, de la sécurité et de l'environnement. Les champs d'application sont assez précis. Sont en effet concernées les entreprises ayant leur siège social situé sur le territoire français et comprenant en leur sein et dans les filiales directes ou indirectes au moins 5.000 salariés. Elles concernent également les entreprises dont le siège social est situé sur le territoire français en comprenant en leur sein les filiales directes et indirectes d'au moins 10 000 salariés. Selon les termes de la loi, le plan de vigilance doit comporter « les mesures de vigilance raisonnable propres à identifier les risques et à prévenir les atteintes graves envers les droits humains, les libertés fondamentales, la santé et la sécurité des personnes ainsi que l'environnement résultant des activités de la société et celles des sociétés qu'elle contrôle directement et indirectement » en incluant les activités des sous-traitants et fournisseurs au travers des relations commerciales lorsque ces activités sont rattachées à cette relation.

Il convient de relever, au travers du champ d'application, la grande pertinence du dispositif législatif prévu visant à encadrer le devoir de vigilance des entreprises.

La construction du plan de vigilance est également intéressante, car elle s'inscrit dans le cadre de l'intégration des parties prenantes lesquelles doivent être associées. Le dispositif s'inspire directement de l'expérience des Points de Contact Nationaux de l'OCDE et de la plateforme RSE. Ce dernier prévoit la mise en place d'une cartographie des risques, d'une procédure régulière d'atténuation des risques et de prévention des atteintes graves. Un système d'alerte et de recueil de signalements relatifs à l'existence ou à la réalisation des risques doit être établi en concertation avec les organisations syndicales en intégrant un mécanisme de suivi des mesures d'évaluation. Autre aspect important, ces éléments doivent être rendus publics par l'entreprise. S'il n'y a pas de sanction et si l'amende de 10 millions en cas de manquement et de déni de l'entreprise, n'a pas été retenue par le Conseil Constitutionnel[1], l'obligation d'établir un rapport constitue une obligation pour les entreprises. On assiste ainsi à une judiciarisation de la responsabilité sociétale davantage dédiée au respect des droits humains tout en reposant sur une approche dite multipartite, voire contractuelle.

Une première décision a été rendue dans ce cadre par le Tribunal judiciaire de Paris le 5 décembre 2023, ce dernier ayant enjoint la Poste à compléter son devoir de vigilance

[1] Décision n° 2017-750 DC du 23 mars 2017- Loi relative au devoir de vigilance des sociétés mères et des entreprises donneuses d'ordre- Non conformité partielle.

après avoir été assigné par le syndicat Sud PTT. L'affaire concernait l'emploi de travailleurs sans-papiers dans les filiales françaises du groupe, à savoir Chronopost et DPD. L'adoption de la directive européenne sur le devoir de vigilance (CSDDD, Corporate sustainability Due Diligence Directive) en date du 1er juin 2023 par le Parlement européen, actuellement négocié en trilogue, pourrait changer la donne et aider les entreprises à se mettre en conformité. Cette directive prévoit que le devoir de vigilance s'appliquera à toutes les entreprises européennes de plus de 250 salariés et 40 millions de chiffre d'affaires même si un compromis doit être trouvé avec les États membres qui vont sûrement chercher à l'adoucir. [1] La directive européenne va donc bien plus loin que la loi française de 2 017 au plan normatif et contraignant. Cette décision du Tribunal judiciaire de Paris, qui s'inscrit suite à l'adoption de la directive européenne, montre bien que les violations et manquements relatifs aux droits humains n'ont pas lieu qu'au Bangladesh comme en a témoigné l'Affaire Rana Plaza ou dans les États en développement, mais bien en France et dans les filiales françaises. Si, pour l'heure, une décision judiciaire a émergé et pourrait faire jurisprudence, on pourrait loisiblement entrevoir des opportunités de développement du contentieux à la faveur du développement la médiation sur certains volets du devoir de vigilance dans le cadre notamment de l'ARA.

2. Les terrains propices pour la médiation RSE

À l'inverse des autres médiations conventionnelles et judiciaires, la médiation RSE ne peut être neutre, dès lors le

---

[1] La Directive prévoit également d'autres obligations pour les sociétés mères de groupes de plus de 500 salariés ainsi que pour les entreprises établies hors d'Europe, une sanction de 5% du Chiffres d'affaires et d'autres obligations en matière de plan de transition climatique etc.

respect des droits humains notamment des normes environnementales est fondamental. Les droits fondamentaux étant au cœur du dispositif, on ne saurait y déroger. Il en est ainsi de la médiation, ou plutôt de la conciliation ou médiation institutionnelle menée par le Défenseur des Droits en France. La médiation complète le dispositif pour permettre au médiateur de faire œuvre de pédagogie de la norme. C'est le cas par exemple du dialogue nécessaire qui peut s'instaurer dans l'affaire précitée de La Poste, de ses filiales et des travailleurs sans-papiers à régulariser. Une médiation post-sentencielle pourrait être organisée à des fins curatives et préventives.

La médiation RSE peut être ainsi développée en interne par l'entreprise en étant un outil également externe à l'entreprise dans l'accompagnement et la prise en compte du dialogue à engager à l'issue des plaintes concernant le non-respect des normes environnementales par les parties prenantes de l'ensemble de l'écosystème. La médiation se présente ainsi comme un dispositif interne de dialogue et de réparation ainsi qu'un outil de management par excellence qui permet d'œuvrer au plan préventif, mais également à un niveau curatif pour renforcer la culture RSE de l'entreprise en intégrant toutes les parties prenantes de son écosystème.

Si les entreprises ont développé un plan de vigilance RSE depuis quelques années, il s'agit le plus souvent d'un plan de communication taxé d'écoblanchiment ou verdissage (*greenwashing)* relayé par la presse sans que l'impact des décisions ne soit réellement pris en compte. Le développement des chartes éthiques, des guides et des rapports RSE n'a pas pour l'instant contribué à la transformation des business-modèles des entreprises reposant encore le plus souvent sur le modèle de croissance des capitaux et l'enrichissement des actionnaires au détriment souvent de la RSE, mis à part quelques exceptions ayant emprunté le chemin des entreprises à mission au titre de la Loi « plan d'action pour la croissance et la transformation des entreprises » PACTE[1] promulgué le 22 mai 2019. La loi PACTE, qui vise à lever les obstacles à la croissance des entreprises, à toutes les étapes de leur développement – de leur création jusqu'à leur transmission, en passant par leur financement – a également pour objectif de mieux partager la valeur créée par les entreprises avec les salariés. Elle permet aussi aux entreprises de mieux prendre en considération les enjeux sociaux et environnementaux dans leur stratégie.

L'affaire du Tribunal judiciaire « La Poste c/Syndicats Sud PTT en date du 5 décembre 2023 illustre qu'une entreprise peut être considérée comme une entreprise à mission (au sens de la Loi PACTE), c'est-à-dire prendre en compte dans sa raison d'être les objectifs sociaux et environnementaux que la société se donne pour mission de suivre au titre de son activité, tout en n'étant pas consciente de l'impact de ses décisions et de celles prises par son écosystème (ses filiales). Une telle entreprise engage désormais sa responsabilité.

C'est bien par ce que l'écosystème de l'entreprise doit être pris en compte que la médiation s'avère dans ce cadre un outil à privilégier pour assurer un management efficace et durable autant qu'un dispositif serein de dialogue et de coopération avec l'ensemble des parties prenantes. Outre le traitement rapide et efficace des plaintes (victimes des violations et manquements des entreprises) qu'elle facilite, la médiation favorise l'émergence de solutions créatives sur les volets relatifs aux enjeux environnementaux, sociaux et de gouvernance. La médiation constitue au niveau stratégique pour les entreprises une valeur ajoutée en comparaison du traitement judiciaire au service de la préservation de leur réputation. La médiation peut également contribuer à

[1] La Loi PACTE (Plan d'Action pour la Croissance et la Transformation de l'Entreprise) a été publiée au Journal officiel du 23 mai 2019, tout comme une bonne part de ses décrets d'application).

stimuler et encourager la transformation des business modèles des entreprises en œuvrant à l'innovation sociale, tels qu'en témoignent les exemples développés par Suez notamment et ses filiales sur le traitement et l'assainissement des eaux (Chaire Suez AgroParitech Eau Pour Tous). La médiation apparaît ainsi comme une pédagogie du dialogue social au service de la norme RSE et un passeur de compréhension entre les différentes parties prenantes. La médiation permet d'œuvrer, au-delà de la conformité insuffisante, au développement de la culture RSE (partage de valeurs) au niveau des entreprises et plus largement au plan sociétal en répondant aux enjeux et défis mondiaux de développement durable. La médiation RSE permet de replacer l'humain et le bien commun au centre des préoccupations.

Si la médiation RSE est avant tout interne à l'entreprise, les parties prenantes extérieures à l'entreprise (consommateurs, populations, etc.) qui font partie de son écosystème doivent également pouvoir déposer effectivement des plaintes et se voir offrir un recours à la médiation propice au dialogue en parallèle, en dehors et via le contentieux.

À cet effet, le devoir de vigilance de la Loi de 2 017 comme la directive européenne sur le devoir de vigilance vont permettre de favoriser le dépôt et le traitement effectif des plaintes déposées par les victimes devant les juridictions des États membres de l'Union européenne ou via le système d'alerte que les entreprises devront mettre en place afin de se conformer désormais au devoir de vigilance. Il s'agit d'une importante avancée également pour les victimes et les communautés basées à l'étranger, impactées par les activités des entreprises transnationales implantées sur leurs territoires.

En effet, le dépôt des recours pourra s'effectuer dès lors que les entreprises ont leur siège au sein de l'Union européenne. C'est le cas notamment des entreprises pétrolières européennes du CAC 40, mais aussi des grandes sociétés étrangères. Pour les victimes des violations des droits humains commises par les grandes entreprises, les démarches se sont avérées jusqu'ici vaines faute de pouvoir déposer plaint devant leurs juridictions nationales ne pouvant assurer la protection effective des droits fondamentaux. Les grandes entreprises ont bénéficié de ce fait en pratique du régime de l'impunité qui prévaut encore aujourd'hui. C'est le cas de la violation des droits sociaux des employés, mais également de toutes les expropriations notamment intervenues dans le cadre des exploitations minières. Les actes des entreprises ayant entraîné des dégâts environnementaux et sociaux considérables, notamment pour les communautés locales, ne resteront plus impunis. Outre l'émergence d'un nouveau contentieux qui pourrait être foisonnant sur le devoir de vigilance, il importera notamment que la voix des victimes puisse directement entendue et pas seulement via leurs avocats à l'audience, mais également grâce au développement de la médiation qu'il conviendra de favoriser et de promouvoir au sein de l'ensemble du système juridique et judiciaire européen et celui des États membres, et ce même si le délai de transposition de la directive européenne sur le devoir de vigilance des entreprises devrait permettre de retarder encore les échéances.

En effet, la pratique de la RSE n'est pas qu'un simple exercice de conformité juridique, elle constitue un système de valeurs souvent opposées où les débats entre les entreprises européennes et les parties prenantes restent très clivés quand le dialogue n'est tout simplement pas inexistant et interrompu de longue date. De ce fait, l'ouverture vers de nouvelles voies et perspectives permettant de développer le dialogue entre l'ensemble des parties prenantes reste déterminante.

Ainsi la médiation RSE apparaît dans ce contexte une pédagogie et un remède pour les entreprises et les écosystèmes au service du devoir de vigilance à encourager et promouvoir au plan sociétal dans le cadre des objectifs mondiaux de développement durable.

CHAPITRE VII

La médiation face aux défis de l'environnement – l'exemple du devoir de vigilance

***Bruno DEFFAINS**, professeur à l'université Paris Panthéon-Assas et avocat of Counsel de Gaulle, Fleurance & associés.*

Le devoir de vigilance s'impose aujourd'hui comme un enjeu économique important pour les entreprises, en particulier celles qui opèrent à l'échelle internationale. Ce devoir transcende le cadre traditionnel de la RSE et s'inscrit dans une dynamique de renforcement des contraintes juridiques visant à promouvoir un modèle économique plus attentif aux droits humains et à l'environnement (les buts monumentaux). Si beaucoup d'entreprises n'ont pas attendu le devoir de vigilance pour commencer à être vigilantes, l'évolution législative récente (à l'image de la loi française sur le devoir de vigilance de mars 2017) marque une évolution vers un cadre plus contraignant, ouvrant une ère où les bonnes intentions apparaissent devoir être soutenues par des actions concrètes et vérifiables (plan de vigilance et mesures des performances non financières).

Le devoir de vigilance n'est pas une création ex nihilo, la vigilance ne tombe pas du ciel, elle est liée au droit de la compliance. Il paraît pertinent d'interpréter le devoir de vigilance sous un angle mobilisant le raisonnement économique. En l'occurrence, il convient de partir de la reconnaissance d'un risque d'externalité négative. Ce risque est celui d'atteinte aux droits de l'homme et à l'environnement constituent en effet un problème d'externalité négative.

Une externalité négative se produit lorsque les décisions d'une partie, par exemple une entreprise, imposent des coûts à d'autres parties en dehors de tout mécanisme de marché. Autrement dit, cette situation fait naître une « dette sans compensation ». Par exemple, les émissions polluantes d'une usine peuvent affecter la qualité de l'air et la santé des résidents à proximité faisant apparaître un problème de coût social lorsque ces externalités ne sont pas internalisées dans les décisions économiques. Les entreprises ou les individus ne prenant pas en compte l'intégralité du coût social dans leurs calculs économiques, cela conduit à une allocation inefficace des ressources et à des conséquences négatives pour la société dans son ensemble.

Il existe en pratique différents moyens de remédier au problème du coût social. Une approche consiste à mettre en place des dispositifs réglementaires et fiscaux pour internaliser les externalités (solution du pollueur-payeur de Pigou). Cette approche est généralement complexe à mettre en œuvre, car elle suppose beaucoup d'informations pour définir la taxe optimale. Une autre approche consiste à encourager la responsabilité sociale des entreprises et des individus. En promouvant une plus grande sensibilisation aux risques et en encourageant des comportements socialement responsables, l'objectif est de réduire les coûts sociaux et de promouvoir des actions qui limitent les externalités. On comprend que cette approche met en avant la préservation de la réputation des entreprises et l'envie de répondre aux exigences plus élevées des investisseurs et des consommateurs en matière de respect des droits humains. Reste alors à trouver des outils pour le faire (cartographie des risques, plans de vigilance, procédures d'évaluation régulière de la chaîne de valeur, actions de prévention des atteintes grave, mécanismes d'alerte et de recueil des signalements…).

La vigilance marque une étape importante dans les outils qui doivent être mobilisés. Le devoir de vigilance consiste en effet à respecter l'obligation d'identifier les risques et d'empêcher leur réalisation, en prenant des précautions dont l'efficacité doit être régulièrement évaluée, et à en rendre compte. Il s'agit donc bien d'une évolution, mais une évolution qui vient prolonger le développement d'un droit de la compliance et de l'objectif de respect des buts monumentaux. On comprend que plus s'étend la sphère des risques, plus se fait pressante et urgente la recherche de responsables, capables certes d'indemniser et de réparer, mais surtout capables de prévenir ces risques. Mais la Loi n'est pas pour autant une porte ouverte à la recherche d'entreprises présumées coupables du moment qu'elles ont les « poches profondes ». Il ne faut pas confondre fonction réparatrice (voire punitive) et fonction préventive de cette responsabilité.

L'enjeu est bien d'étendre et d'approfondir les attentes en matière de droits humains, de sécurité et de santé des personnes et d'environnement, à l'intérieur, mais aussi à l'extérieur des entreprises. Des évolutions sont donc nécessaires pour aller plus loin qu'un engagement de conformité et une approche déclarative afin de donner tout son sens au devoir de vigilance.

Le droit (des sociétés) a ainsi entamé une transformation importante en cherchant à promouvoir un nouveau modèle d'entreprise quant à la prévention des risques que son activité génère. L'ambition est bel et bien de réguler de l'intérieur les activités économiques de l'entreprise au nom de nouvelles valeurs. Ce modèle d'entreprise constitue en cela une authentique rupture s'accompagnant d'une incitation légale à innover adressée aux acteurs privés.

Les innovations se situent à plusieurs niveaux :

En premier lieu, on assiste à une « désautonomisation » du droit des affaires (incluant droit de l'entreprise, droit de la concurrence…), car on est conduit à faire dialoguer des branches du droit entre elles qui n'en ont pas l'habitude.

En second lieu, on perçoit une évolution très significative de l'importance accordée aux « normativités privées ». Nous l'avons dit, si les premières initiatives de la RSE reposaient sur l'idée que les entreprises devaient choisir de s'engager de leur propre chef dans un comportement socialement responsable, les préoccupations éthiques et environnementales se sont ensuite globalisées reflétant une tendance générale à responsabiliser l'ensemble du secteur privé dans la protection des droits humains et dans la préservation de l'environnement. Ce sujet n'est donc plus du domaine exclusif de l'État, ce qui pose la question des rapports à établir entre différentes normativités publique et privée.

En troisième lieu, les tendances observées conduisent à relativiser les notions traditionnelles du droit. C'est en effet l'entreprise en tant que réalité économique qui est visée et non uniquement la société au sens formel. La personnalité morale est en effet dépassée, car la société mère va devoir être vigilante à l'égard de ses filiales et des sociétés qu'elle contrôle. L'effet relatif du contrat est également relativisé, car la société donneuse d'ordre va devoir contrôler la chaîne de valeur, donc les fournisseurs et les sous-traitants intervenant dans cette chaîne. La loi pose par ailleurs un devoir et non une obligation. Il en découle il n'y a pas de créancier identifié contrairement à ce qu'implique un rapport d'obligation.

En quatrième lieu, on comprend que ce ne sont pas les risques que court l'entreprise, mais les risques qu'elle fait courir qui sont visés. La logique est donc bien de nature essentiellement préventive (et pas simplement réparatrice). C'est une logique nouvelle en droit, mais qui ne l'est pas tant que ça en économie, s'agissant du traitement des externalités.

Le problème est que ces 4 dimensions qui accompagnent la mise en œuvre du devoir de vigilance sont complexes. Si l'assignation de « buts monumentaux » non lucratifs à l'entreprise (raison d'être, mission...) participe assurément d'une approche de compliance, il en résulte aussi une évolution substantielle du droit (des sociétés) qui devient plus sensible qu'il ne l'a jamais été à la notion pourtant non juridique d'entreprise.

Les bouleversements normatifs sont donc réels (au moins sur le papier), mais on peut tout de même se demander s'ils entraînent une vraie rupture dans les comportements. Changer la loi est une chose, s'en est une autre de lui conférer une efficacité concrète. On est en droit de penser que les conséquences de ce basculement ne sont pas neutres dans la mesure où elles font naître de nouveaux contentieux où le juge et les plaideurs vont tenir le premier rôle.

Ce rôle est d'autant plus important que le nouveau socle normatif laisse apparaître des défauts importants puisque les entreprises, y compris les plus vertueuses, ne sont pas forcément au clair sur ce qu'on attend d'elles. Les objectifs apparaissent flous concernant l'articulation entre finalité lucrative de la société et ses missions non lucratives. Au flou des objectifs, s'ajoute l'imprécision des obligations posées. Le caractère raisonnable ou non de la vigilance est loin d'être évident à déterminer.

Pour l'heure, les tribunaux, appelés à interpréter et à appliquer ces nouvelles dispositions, se retrouvent souvent dans des territoires inexplorés, ce qui génère une certaine insécurité juridique. Les décisions de justice récentes mettent en lumière les difficultés d'appréhension de la notion de vigilance, avec des juges mal équipés pour évaluer la conformité des plans de vigilance des entreprises comme l'ont montré les décisions de 2 023. (Ces difficultés signifient-elles la fin du devoir de vigilance ?).

Quoi qu'il en soit, on comprend que face à ces évolutions et aux incertitudes qui les accompagnent, les entreprises doivent redoubler d'efforts pour innover et développer de nouveaux modes d'organisation et des outils adaptés à ces impératifs essentiellement situés sur le terrain de la prévention des risques.

Attention toutefois à ne pas se méprendre. Il s'agit bien de promouvoir une logique de responsabilité, donc un mécanisme ex post, mais en mettant en avant sa fonction « incitative » ex ante en termes d'identification et de prévention des risques. Autrement dit, une fonction généralement écartée par les juristes alors même que les économistes (depuis longtemps) s'intéressent à cette fonction en ce qu'elle permet d'internaliser les externalités et de minimiser le coût social des accidents pour reprendre le titre célèbre de l'ouvrage de Calabresi (1970). C'est dans ce cadre que la médiation prend tout son sens dans la mesure où elle est un moyen de relayer cette fonction préventive de la responsabilité puisqu'elle offre un moyen efficace de « négocier à l'ombre du droit ».

La médiation ainsi conçue permet de produire de bons effets économiquement, socialement et humainement comme le prouve notamment la médiation de projet. Cela donne de l'effectivité et de l'efficacité au système comme nous le montre l'expérience des pays les plus avancés en la matière, notamment le Canada. Tellement efficace que le gouvernement du Québec a récemment adopté une loi qui impose la mise en place de tels dispositifs dans tous les marchés publics auxquels les entreprises soumissionnent (modes privés de prévention et de règlement des différends [PRD]).

Une piste explorée est celle passant par l'instauration de dispute boards afin d'offrir une voie pour la résolution anticipée des conflits, permettant ainsi une gestion plus agile des risques liés au devoir de vigilance. Ces mécanismes, qui favorisent le dialogue et la médiation, peuvent contribuer à une meilleure compréhension des attentes juridiques et à une résolution constructive des différends.

Ce besoin de dialogue et de médiation est d'autant plus nécessaire qu'au-delà de la distinction souvent mise en avant entre le droit contraignant et le droit souple, c'est bien plutôt une combinaison de la normativité publique (la loi sur le devoir de vigilance) et la normativité privée (les outils mis en place par l'entreprise elle-même en vue de se conformer au dispositif de la loi) qui fonde le nouveau système. Il y a bien interaction entre deux espaces normatifs public et privé. Plus largement, l'entreprise elle-même peut être conçue comme un véritable ordre juridique combinant les intérêts de multiples parties prenantes (stakeholders). Autrement dit l'entreprise assujettie au devoir de vigilance doit déployer toutes les ressources tirées de son organisation pour réaliser les objectifs assignés par la loi. Elle doit mobiliser le droit qu'elle produit (par des codes de conduite, par des clauses types…) pour exercer son devoir de vigilance dans tout l'espace normatif qu'elle contrôle tout au long de sa chaîne de valeur, de ses relations avec les filiales jusqu'à ses fournisseurs et ses sous-traitants, y compris quand ils sont établis à l'étranger. Les dispute boards constituent un outil adapté face à de tels enjeux.

Le chemin est pavé d'embûches et toute la question est désormais de savoir si la mise en œuvre des nouveaux outils aboutit à l'efficacité recherchée. Le devoir de vigilance doit en effet permettre de réguler les chaînes économiques, et ce indépendamment des frontières qu'elles traversent. Important de noter que ce n'est cependant pas de l'extraterritorialité puisque l'interdiction ne provient pas de la loi, mais du contrat (un État ne pourrait se permettre d'interdire le travail des enfants sur le territoire d'un autre État. Mais une entreprise contractante le peut via des clauses contractuelles. L'usage des outils du droit privé, le contrat en l'occurrence, le permet sans aucune extraterritorialité). Cette démarche peut être vue comme un facteur de progrès, puisque les acteurs économiques contribuent ainsi à la diffusion de valeurs fondamentales. Elle s'accompagne aussi d'une prise de conscience que la vigilance relève non seulement d'une logique de conformité, mais un véritable levier de compétitivité qui nécessite la mise en place de nouveaux outils parmi lesquels la médiation doit trouver toute sa place. En effet, les entreprises qui anticipent et intègrent ces nouvelles exigences dans leur stratégie se positionnent favorablement face à des consommateurs et des investisseurs de plus en plus sensibles aux enjeux de développement durable.

N'oublions pas comme le justifiait il y a quelques décennies Georges Ripert que le fondement du capitalisme passe historiquement par la maîtrise du droit et de ses moyens d'action, c'est sans doute encore plus vrai du capitalisme responsable. La période récente a vu émerger de nouveaux dispositifs à l'image de la Loi de 2017 en

France sur le devoir de vigilance. Cela a pu conduire certaines entreprises, même parmi les plus importantes, et y compris dans le secteur public, à sous-estimer la portée concrète de ces nouvelles règles. Il est vrai qu'en pratique, l'attention s'est surtout portée sur la question de l'évaluation en matière de RSE, notamment avec la directive CSRD (*corporate sustainability reporting directive*) qui pose les principes du *reporting* extra-financier des entreprises concernées. Même si les objectifs sont proches, les outils sont différents car il s'agit dans un cas de communiquer (CSRD), dans l'autre d'agir (CS3D). Il faut pour cela des moyens d'action parmi lesquels la médiation figure en bonne place.

CHAPITRE VIII

Un exemple de médiation dans un cadre juridique complexe : préjudice d'anxiété amiante

***Gilles-Robert LOPEZ**, ancien Bâtonnier, président de la Chambre nationale des praticiens de la médiation.*

PRÉALABLE RAPPEL DE DEUX CONSIDÉRATIONS JURIDIQUES

1. Reconnaissance du préjudice d'anxiété amiante

a. Préjudice d'anxiété amiante. Il s'agit d'une création jurisprudentielle datant de 2 010 : la Cour de cassation reconnaissait l'existence d'un préjudice spécifique d'ancienneté aux salariés ayant travaillé dans un établissement listé par arrêté ministériel ayant eu une activité de fabrication de matériaux contenant de l'amiante, de flocage, etc.[1]

La Cour de cassation a progressivement étendu et précisé le régime de l'indemnisation du préjudice d'anxiété. Par un revirement de 2 019, l'Assemblée plénière de la Cour de cassation a redéfini le préjudice d'anxiété.

En effet, le 5 avril 2019[2], la Cour de cassation a reconnu qu'un salarié qui justifie d'une exposition à l'amiante générant un risque élevé de développer une pathologie grave peut être admis à agir contre son employeur, sur le fondement des règles de droit commun régissant l'obligation de sécurité de ce dernier, quand bien même il n'aurait pas travaillé dans un des établissements mentionnés à l'article 41 de la loi du 23 décembre 1998.

Mais la Cour de cassation n'en est pas restée là et le domaine du préjudice d'anxiété a encore été étendu. Par un arrêt du 11 septembre 2019, la Cour de cassation l'a encore élargi en considérant que tout salarié « *qui justifie d'une exposition à une substance nocive ou toxique générant un risque élevé de développer une pathologie grave et d'un préjudice d'anxiété personnellement subi résultant d'une telle exposition, peut agir contre son employeur pour manquement de ce dernier à son obligation de sécurité* »[3], désormais non exclusivement réservée au régime dérogatoire accordé aux salariés d'établissements ACAATA. La Cour de cassation a donc introduit en 2019 le préjudice d'anxiété sur le terrain du droit commun de la responsabilité de l'employeur, et pour tout type de substance nocive.[4]

---

[1] Cass. Soc. 10 mai 2010

[2] Cass. Ass. Plén., 5 avril 2019, n° 18-17442

[3] Cass. Soc., 11 septembre 2019, n° 17-24879 à 17-25623

[4] Le champ de la réparation du préjudice d'anxiété est aujourd'hui très large et peut générer de nombreux contentieux (de masse).

b. Le Conseil d'État a admis en 2017 qu'un salarié exposé à l'amiante pouvait demander la réparation du préjudice tenant à l'anxiété due au risque élevé de développer une pathologie grave, et par là même d'une espérance de vie diminuée.[1]

2. Amiante et prescription

S'agissant du régime de prescription applicable à l'action en reconnaissance du préjudice d'anxiété, la Cour de cassation avait initialement retenu une prescription de cinq ans, par référence au principe de prescription extinctive de droit commun fixé à l'article 2224 du Code civil, pour la réparation du préjudice d'anxiété des salariés éligibles à l'ACAATA.

Or, la loi n° 2013-504 du 14 juin 2013 a profondément réformé le régime de la prescription dans les relations de droit du travail, en réduisant à deux ans la prescription des actions portant sur l'exécution et la rupture du contrat de travail, par dérogation à la prescription quinquennale de droit commun.

Désormais, en vertu de l'article L. 1471-1 du Code du travail, toute action portant sur l'exécution ou la rupture du contrat de travail se prescrit par deux ans à compter du jour où celui qui l'exerce a connu ou aurait dû connaître les faits lui permettant d'exercer son droit.

Par un arrêt du 8 juillet 2020, la Cour de cassation a donc procédé à un revirement s'agissant de la durée du délai de prescription applicable à l'action en réparation du préjudice d'anxiété engagée par le salarié à l'encontre de son employeur.

---

[1] Cela veut dire que les salariés qui ont été les plus concernés par l'amiante (années 1977 et avant et un peu en 1980 en fonction des entreprises…) n'ont pu envisager une action qu'à partir de 2010…

La Cour de cassation a fixé le délai de prescription de cette action à deux ans, ce délai commençant à courir à la date à laquelle le salarié a eu connaissance du risque élevé de développer une pathologie grave résultant de son exposition à l'amiante ou à un agent nocif, et ce point de départ ne pouvant être antérieur à la date à laquelle cette exposition a pris fin.[1]

Désormais, il est confirmé que le délai de prescription de deux ans vaut donc pour tous les salariés demandant réparation du préjudice d'anxiété.

Mais une différence demeure quant au point de départ de ce délai :

- pour les salariés ayant travaillé dans un établissement classé au titre de l'ACAATA, c'est la date de publication de l'arrêté de classement de l'établissement ;
- pour les salariés exposés à l'amiante dans un établissement non classé ACAATA ou exposés à une substance toxique autre que l'amiante, c'est la date à laquelle le salarié a eu connaissance d'un risque élevé de développer une pathologie grave résultant de l'exposition, ce point de départ ne pouvant être antérieur à la date à laquelle cette exposition a pris fin.

Dans tous les cas, une telle prescription, courte, constituera un argument de défense non négligeable pour les employeurs puisqu'elle restreint considérablement la recevabilité de l'action des demandeurs sur ce fondement.

[1] Cass. Soc., 8 juillet 2020, n°18-26585 à 18-26655.

Pourquoi la médiation en tel contexte ?

La complexité des règles juridiques et leur évolution ne facilitent pas la lisibilité des dossiers d'indemnisation qui sont présentés au juge.

Le justiciable concerné peut ressentir une certaine insécurité et considérer qu'il existe un aléa juridique au succès de ses prétentions.

Très souvent, dans ce type d'action, les demandeurs sont nombreux et solidaires.

Ils acceptent difficilement que l'application d'une règle de droit revienne à écarter des demandeurs les plus longtemps exposés et sont prêts à privilégier une médiation qui leur semble une meilleure réponse à l'équité entre les situations de chacun.

La stricte application de la règle légale dans sa dernière interprétation jurisprudentielle est certes légale, mais pas forcément perçue comme équitable.

Ainsi, les règles de prescription qui lient le juge ne lient pas les parties. Il arrive qu'elles parviennent à se mettre d'accord pour reconnaître l'existence d'un préjudice inhérent à leurs conditions de travail, à leur métier, et, en prévoyant, le cas échéant une indemnisation par « tranche d'ancienneté », etc. Ce type de raisonnement n'est envisageable que dans le cadre d'une médiation.

DEUXIÈME PARTIE

MÉDIATION ET INTELLIGENCE ARTIFICIELLE

L'importance croissante des technologies émergentes dans un monde de plus en plus numérisé et interconnecté amène à étudier les garanties à apporter pour leur utilisation éthique et efficace dans le domaine de la médiation et à s'interroger sur la place de l'intelligence artificielle, le métavers et le tridimensionnel.

Des experts internationaux ont exposé des solutions de restauration proposées par l'intelligence artificielle viables et éthiques. Ils se sont demandé si cette dernière pouvait être introduite de manière responsable dans le domaine de la médiation ; la nouvelle technologie peut-elle offrir des perspectives dans la résolution des conflits ?

Cette deuxième partie aborde les questions fondamentales de la relation entre les nouvelles technologies et la médiation, dans les chapitres suivants :

- I- Médiation et intelligence artificielle
- II- Les nouvelles technologies appliquées à la médiation. La médiation en ligne
- III- La place de l'humain face à l'intelligence artificielle, le métavers, le tridimensionnel. Le nouveau terrain de jeu de la médiation ?

- IV- Les solutions de restauration par l'intelligence artificielle sont-elles viables ?
- V- Le règlement extrajudiciaire des litiges de la consommation en Allemagne.

CHAPITRE I

Médiation et intelligence artificielle

***Bruno DEFFAINS**, professeur à l'université Paris Panthéon-Assas et Avocat of Counsel de Gaulle, Fleurance & associés.*

Résumé : L'article « Médiation et intelligence artificielle » explore l'intégration de l'IA dans la médiation, mettant en lumière les avancées technologiques comme le Big Data et les Modèles de Langage à Grande Échelle (LLM). Il aborde l'évolution de l'IA depuis les années 1950 et son application dans la médiation en ligne (ODR) pour améliorer l'efficacité, la personnalisation et la résolution de conflits. Toutefois, l'article soulève des défis juridiques et éthiques liés à la fiabilité, à la confidentialité et au remplacement du jugement humain. Il envisage l'avenir de l'IA en médiation.

1. Introduction

Dans un monde en constante évolution, marqué par l'avancée rapide des technologies numériques, l'intelligence artificielle (IA) se présente comme un catalyseur de changement profond, influençant des secteurs aussi variés que la santé, la finance, mais aussi le droit et la justice. Les modes alternatifs de règlement des différends, notamment la médiation, sont ainsi directement concernés. Ce dernier domaine, traditionnellement ancré dans des approches humaines et personnalisées, se trouve à l'aube d'une révolution, portée par l'adoption de l'IA par les acteurs directement impliqués. Ce phénomène ne se limite pas à une simple automatisation des processus ; il s'agit également d'une refonte des méthodologies de médiation, où l'IA ne remplace pas l'expertise humaine, mais la complète, en apportant une nouvelle dimension de précision, d'efficacité et de personnalisation.

L'intégration de l'IA dans la médiation représente une convergence originale entre la technologie et l'humain, ouvrant la voie à des solutions innovantes pour la résolution et la prévention des conflits. À travers l'analyse de données massives (Big Data), l'apprentissage automatique et des algorithmes avancés, l'IA peut identifier des tendances, des schémas et même anticiper des issues, offrant ainsi aux médiateurs des outils puissants pour faciliter la résolution des différends. Toutefois, cette intégration soulève également des questions fondamentales : comment maintenir l'équilibre entre technologie et interaction humaine ? Quels sont les enjeux éthiques et les implications en termes de confidentialité et de fiabilité ?

Ce panorama complexe de l'IA en médiation requiert une exploration nuancée. Cette contribution se propose d'examiner quelques-uns des aspects de cette intégration, en mettant en lumière les technologies clés, leurs applications pratiques, et les défis qu'elles posent, tout en envisageant les perspectives d'avenir de ce mariage entre technologie de pointe et savoir-faire humain en matière de résolution de conflits.

2. L'IA et la Médiation : Un aperçu historique

L'histoire de l'intelligence artificielle (IA) commence dans les années 1950, avec des pionniers tels qu'Alan Turing, qui posa les fondations théoriques de la « machine pensante ». Depuis, l'IA a connu des périodes de progrès rapides et de ralentissements, souvent appelées les « hivers de l'IA ». Cependant, au cours de la dernière décennie, grâce à l'avancement exponentiel de la puissance de calcul et la disponibilité massive de données, l'IA a fait des progrès significatifs, notamment dans des domaines tels que l'apprentissage automatique et le traitement du langage naturel.

Ces avancées ont trouvé une application particulièrement intéressante dans le domaine de la résolution des conflits, notamment la médiation. Historiquement, la médiation s'est appuyée sur des compétences humaines essentielles telles que l'empathie, la compréhension et la communication. Dès les années 2000, le développement des Online Dispute Resolution (ODR) représente une évolution majeure dans le domaine de la médiation et de la résolution des conflits. ODR utilise des plateformes numériques pour faciliter la résolution de conflits, rendant le processus plus accessible, particulièrement pour les litiges de faible envergure ou transfrontaliers. Les technologies d'IA intégrées aux ODR offrent des analyses de données, une communication automatisée voire parfois même des propositions de solution, réduisant ainsi le temps et les coûts associés à la médiation traditionnelle. L'ODR se positionne comme une solution pour répondre efficacement aux besoins de justice rapide et à faible coût dans une société de plus en plus numérisée. Si ces ODR se sont initialement développés dans le domaine des transactions numériques (exemple d'Ebay dès les années 1990), ils se sont ensuite déployés dans le monde réel (exemple de Cybersettle dans les années 2000 qui s'est notamment imposé dans le domaine de l'assurance[1]).

Par la suite, l'intégration de l'IA dans ce processus a commencé à se manifester, apportant avec elle une nouvelle dimension d'analyse de données, de modélisation prédictive et d'assistance à la prise de décision. Des outils basés sur l'IA peuvent aujourd'hui assister les médiateurs dans l'analyse de vastes quantités d'informations, la détection de schémas dans les comportements des parties en conflit et la proposition de solutions optimisées.

Cette évolution marque un tournant dans la médiation, où l'IA n'est pas vue comme un remplaçant, mais comme un complément aux compétences humaines, enrichissant le processus de résolution de conflits avec une précision et une efficacité accrues. Cependant, cette intégration soulève également des questions importantes sur le rôle de l'IA et la manière dont elle influence la dynamique traditionnelle de la médiation.

Dans cette première partie, nous explorerons cette évolution historique de l'IA et sa fusion progressive avec la pratique de la médiation, soulignant les étapes clés de ce parcours et les implications pour l'avenir de la médiation.

a. Technologies clés et applications

Dans le domaine de la médiation, plusieurs technologies de pointe son appeler à jouer un rôle potentiellement important. Le Big Data, par exemple, permet une analyse

---

[1] Voir en ce sens B. Deffains et Y Gabuthy, La résolution électronique des litiges favorise-t-elle le développement de nouvelles stratégies de négociation ? Négociations, 2008, n°10, pp. 9-23.

massive et approfondie des données de conflit, offrant aux médiateurs des insights précieux pour comprendre les tendances et les motifs sous-jacents des litiges. La Blockchain, quant à elle, apporte une dimension de transparence et de sécurité dans la gestion des accords de médiation, assurant l'intégrité et la traçabilité des informations échangées.

Par ailleurs, les Modèles de Langage à Grande Échelle (LLM) comme GPT (Generative Pretrained Transformer) révolutionnent la communication en médiation. Ces systèmes peuvent traiter le langage naturel, fournissant une assistance dans la compréhension des déclarations des parties et dans la formulation de réponses ou de propositions de résolution. Cette capacité à analyser et générer du langage de manière contextuelle est particulièrement utile pour gérer les aspects complexes de la communication en médiation.

L'application de ces technologies en médiation ne se limite pas à une amélioration quantitative des processus existants ; elle permet également de développer de nouvelles approches et méthodologies, rendant la médiation plus accessible, efficiente, et adaptée aux besoins spécifiques des parties impliquées. En explorant ces technologies, nous pouvons mieux comprendre comment elles transforment la médiation et préparent le terrain pour des avancées futures dans ce domaine.

b. Avantages de l'IA en médiation

L'intégration de l'intelligence artificielle dans la médiation offre plusieurs avantages significatifs. L'un des plus importants est l'efficacité améliorée. L'IA peut traiter et analyser rapidement de grandes quantités de données, permettant aux médiateurs de se concentrer sur les aspects les plus critiques des cas. Elle offre également une personnalisation accrue, en adaptant les processus de résolution de conflits aux besoins spécifiques des parties impliquées.

De plus, l'IA peut aider à identifier des solutions potentielles qui pourraient ne pas être évidentes pour les humains, grâce à ses capacités avancées d'analyse de données et de reconnaissance de modèles. Cette capacité à percevoir des nuances et des schémas complexes contribue à des résultats plus équilibrés et satisfaisants pour toutes les parties. En outre, l'IA contribue à la standardisation et à la reproductibilité des processus de médiation, garantissant une plus grande équité et cohérence.

L'IA offre donc un potentiel d'enrichissement du domaine de la médiation en apportant précision, efficacité et personnalisation, tout en ouvrant de nouvelles possibilités pour une résolution de conflit potentiellement plus accessible. Dans le même temps, elle peut contribuer à une réduction du risque juridique passe par une valorisation du patrimoine jurisprudentiel : un chaînage des décisions permet une meilleure connaissance – et donc une meilleure exploitation du contentieux, et l'exhaustivité du *big data* rend possible une maîtrise plus fine des contentieux standardisés[1].

c. Défis juridiques et éthiques

L'utilisation de l'IA en médiation soulève des défis importants et des questions éthiques. La fiabilité est une préoccupation majeure : peut-on toujours faire confiance aux suggestions ou analyses fournies par l'IA ? Il y a un risque d'erreur ou de biais dans les algorithmes qui peuvent influencer les résultats de la médiation.

---

[1] B. Deffains, « L'impact économique des *legaltechs* sur le marché du droit », *Enjeux Numériques – Annales des Mines*, 2018, n° 3, pp. 20-27, spéc. p. 26.

La confidentialité est également une question cruciale. L'IA nécessite l'accès à des données parfois sensibles pour fonctionner efficacement. Il faut s'assurer que ces informations restent protégées et que leur utilisation respecte la vie privée des parties en conflit.

Enfin, les implications éthiques de l'IA en médiation sont vastes. Comment maintenir l'équité et l'impartialité ? L'IA peut-elle remplacer le jugement humain et l'empathie nécessaires dans la médiation ? Ces questions soulignent la nécessité d'une approche prudente et réfléchie dans l'intégration de l'IA dans la pratique de la médiation.

Pour l'heure, le RGPD comme l'IA Act européen partagent une préoccupation commune pour la protection de la vie privée et la réglementation éthique de l'IA. Dans le domaine de la résolution des litiges, l'IA doit être utilisée conformément à ces réglementations, en assurant la protection des données personnelles et la non-discrimination. L'IA Act de l'Union européenne, adopté en décembre 2023, est la première législation complète au monde sur l'IA. Il vise à réglementer l'utilisation de l'IA dans l'UE pour garantir la sécurité, la transparence, la non-discrimination et l'efficacité environnementale des systèmes d'IA. Il établit des règles différentes selon les niveaux de risque des systèmes d'IA. Les systèmes à risque inacceptable seront interdits, tandis que ceux à haut risque seront soumis à une évaluation avant leur mise sur le marché et tout au long de leur cycle de vie. Les systèmes d'IA génératifs, comme ChatGPT, devront respecter des exigences de transparence, tandis que les systèmes à risque limité devront respecter des exigences de transparence minimales pour permettre aux utilisateurs de prendre des décisions éclairées. Les négociations sont en cours pour finaliser la forme définitive de la loi.

d. Applications pratiques

Un exemple concret de l'utilisation de l'IA en médiation est son rôle dans les litiges commerciaux. Des plateformes basées sur l'IA analysent d'énormes volumes de données contractuelles et juridiques pour proposer des solutions optimales. En analysant les tendances passées et les résultats de litiges similaires, l'IA peut aider à prédire les issues les plus probables et suggérer des stratégies de négociation efficaces.

Dans le cadre des conflits familiaux, des outils d'IA assistent dans la médiation en analysant les communications écrites pour détecter les émotions et les points de tension. Cela aide les médiateurs à comprendre mieux les dynamiques relationnelles et à aborder les problèmes sous-jacents de manière plus équilibrée.

En matière de médiation en ligne, l'IA facilite la gestion des rendez-vous, la documentation et le suivi des cas, rendant le processus plus accessible et efficace pour les parties éloignées géographiquement.

Ces cas illustrent comment l'IA peut améliorer la médiation en offrant des solutions basées sur des données approfondies et en facilitant la communication et la gestion des processus.

Pour approfondir les exemples d'utilisation de l'IA en médiation, considérons d'autres domaines d'application :

- Résolution de conflits dans les organisations : L'IA peut analyser des données internes pour identifier les motifs de conflit au sein d'une entreprise, proposant ainsi des stratégies de résolution efficaces et personnalisées. Cela peut inclure l'analyse des communications pour détecter des problèmes non exprimés ou des tensions croissantes.
- Médiation internationale : Dans les litiges internationaux, l'IA peut traiter des données complexes, y compris des aspects culturels et juridiques variés,

pour faciliter une médiation plus informée et équilibrée entre les parties de différentes nations.

- Règlement de litiges consommateurs-entreprises : Des plateformes d'IA peuvent aider à résoudre efficacement les plaintes des consommateurs, en analysant les problèmes courants et en suggérant des solutions rapides, souvent sans intervention humaine directe.
- Médiation et divorce : Le développement des plateformes s'inscrit dans un mouvement de simplification des procédures. Dans la période récente, le ministère de la Justice a mené de manière constante une politique de simplification du droit de la famille, justifiée notamment par le souhait de mieux répondre à l'attente de la population. Plusieurs lois ont ainsi favorisé une simplification des procédures, le retrait du juge, et le recours aux modes alternatifs au règlement des différends. En parallèle de ces évolutions sur le fond du droit de la famille, on assiste au développement de plateformes et autres legaltechs qui ambitionnent de se positionner sur ce marché des litiges familiaux en offrant en particulier des services en ligne qui portent eux aussi la promesse d'une simplification des procédures accompagnée d'un raccourcissement des délais et des coûts[1].

e. Perspectives d'avenir et conclusions

Alors que nous avançons dans l'ère de l'intelligence artificielle, la médiation se trouve à un carrefour crucial. Les avancées de l'IA offrent des perspectives prometteuses pour transformer la médiation en un processus plus efficace, accessible et personnalisé. Cependant, cet avenir

---

[1] Voir B. Deffains, Le règlement en lignes des litiges familiaux, Dalloz, AJ Famille, Avril 2022.

prometteur s'accompagne de défis significatifs, notamment en matière de fiabilité, d'éthique et de protection de la vie privée. Il est essentiel que les praticiens de la médiation et les développeurs d'IA travaillent conjointement pour assurer que ces technologies soient utilisées de manière responsable. La réglementation jouera un rôle crucial dans la mise en place de garde-fous pour prévenir les abus et garantir l'équité.

Enfin, l'IA en médiation ne devrait pas seulement être envisagée comme un outil, mais comme un partenaire qui, en collaboration avec l'expertise humaine, peut améliorer fondamentalement la résolution des conflits. En embrassant ces technologies avec prudence et conscience, le domaine de la médiation peut entrer dans une nouvelle ère d'innovation et d'efficacité.

D'autres outils sont également en cours de développement à l'image de la « justice décentralisée » qui utilise la technologie blockchain, avec des initiatives telles que Kleros. Cette approche repose sur les principes de transparence, d'immutabilité et de décentralisation inhérents à la blockchain. Les principes fondamentaux sont au nombre de trois. Tout d'abord la décentralisation : contrairement aux systèmes judiciaires traditionnels centralisés, la justice décentralisée s'appuie sur un réseau distribué. Cela signifie qu'aucune entité unique ne contrôle le processus de prise de décision. Dans le cas de Kleros, par exemple, les décisions sont prises par une communauté de jurés anonymes, sélectionnés aléatoirement parmi un groupe de volontaires. Ensuite la transparence et l'immutabilité : la blockchain enregistre toutes les transactions et décisions de manière transparente et permanente. Cela garantit une traçabilité complète et empêche toute modification ultérieure des décisions prises, offrant ainsi une forme de sécurité juridique. Enfin, l'automatisation via les Smart Contracts : Les contrats intelligents (smart contracts) automatisent l'exécution des décisions. Une fois qu'un verdict est rendu, le contrat s'exécute automatiquement selon les termes préétablis, réduisant ainsi les délais et les coûts associés à l'exécution des décisions judiciaires.

L'un des plus grands défis est l'acceptation de cette forme de justice par les systèmes juridiques établis et la société en général. La légitimité des décisions prises par un système décentralisé peut être remise en question, surtout en l'absence de cadre juridique clair. Il convient également de souligner que le fait d'assurer l'équité dans un système où les jurés sont anonymes et sélectionnés aléatoirement est complexe. Il existe un risque de biais ou de manipulation, malgré les mécanismes de sélection et de récompense mis en place. Ajoutons que tandis que certains litiges peuvent être facilement résolus par ce système, d'autres, notamment ceux nécessitant une expertise juridique approfondie ou des preuves complexes, peuvent s'avérer plus difficiles à gérer.

La justice décentralisée, illustrée par des projets comme Kleros, offre ainsi une idée de l'évolution future du rapport à la technologie dans le domaine de la résolution des conflits, exploitant les avantages de la blockchain pour créer un système de justice plus accessible, rapide et moins coûteux. Cependant, son intégration dans le cadre juridique existant et sa capacité à traiter des affaires complexes restent des défis majeurs. Cette technologie représente une étape significative vers une justice plus démocratisée, mais elle doit encore faire ses preuves pour être pleinement adoptée et reconnue.

CHAPITRE II

Les nouvelles technologies appliquées à la médiation. La médiation en ligne

***Elisabeth STONG**, NYC, Bankruptcy Judge for the Eastern District of New York.*

Les leçons de COVID sur les nouveaux outils pour une médiation efficace : Une réflexion personnelle

Introduction

Mon expérience de la médiation comprend une vingtaine d'années en tant qu'avocate et une dizaine d'années en tant que médiatrice occasionnelle dans de grands litiges commerciaux « Wall Street », ainsi qu'une vingtaine d'années en tant que juge fédéral des faillites. Ma charge de travail en tant que juge des faillites comprend des grandes, moyennes et petites entreprises en difficulté financière qui cherchent à se réorganiser et à sauver leur entreprise. Il s'agit également de nombreux cas de personnes physiques qui cherchent à sauver leur maison grâce à un plan de remboursement ou, au contraire, à prendre un « nouveau départ » grâce à l'apurement de leurs dettes et à la possibilité d'aller de l'avant. Nous sommes un tribunal qui résout des problèmes et nous essayons toujours de faire plus avec moins, car dans une affaire de faillite, il y a presque toujours plus de besoins que de ressources. Comme me l'a dit un jour un avocat lors d'une médiation, « nous sommes en faillite – il n'y aura jamais assez de beurre de cacahuète pour couvrir le pain ».

Le rôle de la médiation dans un tribunal de faillite ou de restructuration :

Dans tous ces types d'affaires, et en particulier dans les affaires de réorganisation et de restructuration d'entreprises, la médiation est un outil extrêmement efficace. Chaque tribunal fédéral des États-Unis a adopté un plan de règlement extrajudiciaire des litiges et, dans la plupart des cas, ces plans désignent la médiation comme l'outil de règlement extrajudiciaire des litiges de prédilection. En général, nos tribunaux peuvent demander aux parties à un litige de participer à la médiation, et de nombreux tribunaux ont mis en place des groupes de médiateurs qui sont prêts à intervenir, y compris sur une base non rémunérée, dans ces affaires.

Avant la COVID : la médiation en personne est la règle.

Comment ces médiations se déroulent-elles ? Avant COVID, il était largement admis que les interactions interpersonnelles entre les avocats, les clients et le médiateur constituaient un élément clé, voire essentiel, d'une médiation réussie. Et il était acquis que la médiation se déroulait en personne. Bien sûr, les questions administratives telles que la programmation et même les discussions préliminaires entre le médiateur et chaque partie pouvaient se dérouler par téléphone, mais tout cela servait à préparer le terrain pour « la médiation » – et la médiation se déroulait en personne. Même si les avocats et les clients devaient parcourir de grandes distances, même si une séance de médiation d'une demi-journée pouvait nécessiter deux ou trois jours de la part des parties et de leurs conseils, on partait du principe que la médiation devait se dérouler en personne pour avoir les meilleures chances de succès.

Pourquoi le modèle de la médiation en personne était-il la règle ?

Peut-être parce qu'avant la pandémie, nous ne nous posions tout simplement pas la question de savoir si une réunion en personne était nécessaire – nous « savions » qu'elle l'était. Mais je pense que c'est plus que cela. La médiation dépend d'une communication efficace, de la capacité à discerner et à comprendre les intérêts d'une partie, et même de l'établissement d'une relation de confiance entre les avocats, les clients et le médiateur. Il est difficile de s'en faire une idée en tant que médiateur lors d'un appel téléphonique ou même d'une liaison vidéo.

La médiation dépend également de la capacité des parties à communiquer efficacement avec le médiateur et entre elles – et cette communication peut inclure non seulement les mots prononcés, mais aussi les expressions non verbales qui les accompagnent. Même un silence volontaire – en personne – peut être très évocateur. Mais au téléphone ou sur une vidéo, il peut simplement signifier que quelqu'un est distrait, ou pire, en sourdine.

Ainsi, depuis mes premiers travaux dans ce domaine, il y a plus de trente ans, jusqu'en 2020 et l'arrivée de la pandémie, j'ai appris, pratiqué et enseigné les techniques de médiation du point de vue des personnes se trouvant dans la même pièce. Parfois une salle d'audience, d'autres fois une salle de conférence, mais toujours le même espace physique. Et cela a fonctionné. En tant que médiateur, je peux me pencher – littéralement – pour établir un lien avec un orateur, qu'il s'agisse d'une partie ou de son avocat. Je peux voir quand le langage corporel d'une personne suggère qu'elle s'ouvre à une possibilité ou, au contraire, qu'elle se retire du processus. Je peux faire savoir, par une brève remarque ou même un regard et un hochement de tête, que chacun aura l'occasion de répondre et de raconter son histoire. Et je peux voir comment les parties réagissent les unes aux autres.

La COVID et le passage aux procédures en ligne.

En mars 2020, l'hypothèse selon laquelle une communication efficace, y compris en médiation, devait se faire en personne, s'est tout simplement évaporée parce que, soudainement, presque du jour au lendemain, tout ce que nous faisions en personne a disparu. Dans mon cabinet, personne d'autre que moi n'est venu au tribunal, et je n'y suis allée que parce que c'est à environ un kilomètre à pied – et parce qu'il est plus facile de travailler depuis mon bureau dans le cabinet que depuis la table de ma salle à manger. Dans ma salle d'audience, tout le monde comparaissait par téléphone. Et dans les médiations, mes séances en personne, qui avaient été planifiées avec tant de soin, ont basculé, presque du jour au lendemain, vers le télétravail.

Honnêtement, la transition des procédures en personne, qu'il s'agisse d'audiences, de conférences de gestion de cas, d'auditions de preuves ou de médiations, a été un peu difficile pour moi en tant que juge, et aussi sur le plan personnel. Je m'épanouis dans la présence personnelle de mon équipe. J'aime voir et entendre les avocats dans la salle d'audience. Et lorsque nous nous asseyons tous autour d'une table pour trouver une solution à un problème, notamment dans le cadre d'une conférence de règlement ou d'une médiation, je veux voir, entendre les personnes concernées et dialoguer avec elles. Soudain, avec l'arrivée de la COVID, je ne pouvais plus rien faire de tout cela – du moins je ne pouvais plus le faire de la même manière que j'avais connue pendant tant d'années en tant que juge et avocat.

C'est ici qu'a commencé mon parcours, celui de mon tribunal et de tant d'autres tribunaux, dans la médiation en ligne. J'aimerais pouvoir dire que nous nous sommes engagés dans cette voie parce que nous étions avant-gardistes, perspicaces ou sages. Et j'espère que nous avons été tout cela en passant de la salle d'audience aux procédures virtuelles. Mais en ce qui me concerne, j'ai adopté les outils et les techniques de la médiation en ligne pour une raison très différente : il n'y avait pas d'autre solution pratique !

Qu'avons-nous fait ? Tout d'abord, nous avons adopté la technologie. Au départ, cela signifiait que toutes nos audiences étaient transférées sur une plateforme téléphonique, avec un numéro d'appel disponible gratuitement pour les participants. Nous étions habitués aux comparutions téléphoniques lors des audiences judiciaires et aux interactions téléphoniques aux stades préliminaires d'une médiation, mais nous avions de plus grandes ambitions. Et comme les affaires et leur gestion sont devenues plus difficiles au cours des premières semaines et des premiers mois de la pandémie, nous avions besoin de meilleurs outils. La vidéo était la réponse.

Pour les médiations, nous avons utilisé ces outils, et d'autres. Lorsque j'interviens en tant que médiateur, c'est parce qu'un collègue magistrat me demande de jouer ce rôle dans son affaire. Je suis nommée avec le consentement des parties, et souvent à leur demande. Une ordonnance renvoyant l'affaire à la médiation est rendue par le juge en charge de l'affaire. Elle donne des indications aux parties sur la manière de procéder. Pendant la pandémie, ces ordonnances prévoyaient presque toujours que la médiation se déroulerait en ligne ou à distance, par téléphone et par vidéo.

D'après mon expérience des trois dernières années, les étapes initiales de ces médiations en ligne ont été les mêmes que pour les médiations en personne. Nous avons programmé une ou plusieurs conférences téléphoniques préliminaires, d'abord avec tous les avocats, puis avec chacun des principaux avocats. La première innovation issue de notre expérience de la pandémie a été que, tout comme nous avions appris les avantages des audiences vidéo, nous avons transféré la grande majorité de ces conférences préliminaires de la voie téléphonique à la voie vidéo. Et la vidéo fonctionne mieux que le téléphone, à bien des égards. Elle permet d'établir une meilleure communication entre les parties. Lorsque vous voyez quelqu'un, vous entendez sa voix d'une manière différente. C'était particulièrement vrai pendant nos premiers mois de « lockdown ». Cela reste vrai aujourd'hui. Alors que nous retournons dans la salle d'audience, je suis convaincue que les interactions préliminaires d'une médiation devraient être filmées chaque fois que possible.

Les étapes suivantes – les sessions conjointes, les caucus, les sessions de suivi et le reste – sont plus compliquées. Avant la pandémie, ces différentes parties du processus de médiation se déroulaient de manière organique, en utilisant la salle d'audience, les salles de conférence, notre salle des jurés et d'autres espaces au sein de notre palais de justice pour impliquer les parties et leur permettre d'entrer en contact les unes avec les autres. Il s'avère qu'une salle d'audience peut être une salle de conférence très efficace, en particulier lorsque le médiateur judiciaire aide les parties à envisager les meilleures (et les pires) alternatives à une résolution négociée. Si nécessaire, les parties peuvent sortir dans le couloir – au sens propre comme au sens figuré. Le cas échéant, des collations peuvent être servies. Nous gardons un bol de bonbons dans le cabinet à cet effet.

Mais dans un monde qui n'autorise que les procédures à distance, rien de tout cela n'était possible. En tant que médiateur plongé dans un monde de médiation en ligne, le défi était donc de savoir **comment obtenir les mêmes avantages en termes d'interaction, d'engagement, de caucus et de recherche d'un terrain d'entente lors de la séance de médiation lorsque tout le monde n'est qu'une image sur un écr**an. Voici quelques-unes des façons dont j'ai abordé cette question.

Tout d'abord, je n'ai jamais abandonné le symbolisme de la salle d'audience et le pouvoir du lieu. **Je tenais généralement mes séances de médiation en ligne depuis ma salle d'audience, et je portais toujours ma robe, comme je l'aurais fait en personne**. Bien entendu, j'ai expliqué dès le départ que je n'étais pas le juge de l'affaire, que je ne prendrais jamais de décision dans l'affaire et que j'avais un rôle très différent : celui de médiateur judiciaire.

Ensuite, j'ai suivi mon instinct pour savoir quand il valait mieux rencontrer toutes les parties, seulement les avocats, seulement une partie ou l'autre, et peut-être même une seule personne. J'ai également été attentive aux moments où il pouvait être judicieux de m'absenter pour permettre aux seules parties de s'entretenir sur un sujet particulier. Pour y parvenir, nous avons une fois de plus adopté la technologie, et les participants ont fait de même. Même des outils simples, tels que **des salles de réunion multiples**, la possibilité de mettre les parties en sourdine et le partage d'écran, ont contribué à recréer les possibilités de communication qui se présentaient naturellement lors des séances de médiation en personne.

Enfin, **nous n'avons jamais abandonné le processus**. Il aurait été plus facile de dire « non, ça ne marche pas », parce que la médiation dépend tellement de la présence des parties et de leurs avocats au même endroit, de la reconnaissance de leurs intérêts, de l'écoute mutuelle et de la recherche d'une solution. Et cela a fonctionné. Je ne l'aurais jamais prédit, mais d'après mon expérience, **la médiation en ligne a permis d'obtenir des règlements aussi efficaces que la médiation en personne** qui prévalait avant la pandémie.

Leçons tirées et perspectives d'avenir :

Maintenant que les procédures en personne, y compris les médiations, semblent à nouveau possibles, qu'ai-je appris de l'aventure inattendue des audiences et des médiations en ligne et virtuelles ?

Tout d'abord, j'ai appris qu'en tant que médiatrice, tout comme je dois être ouverte à toutes sortes de possibilités pour aider les parties à résoudre leurs différends, je dois également être **ouverte à toutes sortes d'outils** – y compris les outils en ligne.

Ensuite, j'ai appris que les outils en ligne, y compris les plateformes vidéo, ont beaucoup à offrir dans la médiation de litiges complexes, y compris maintenant que les réunions en personne sont de nouveau possibles. J'en veux pour preuve les étapes préliminaires d'une médiation, y compris les premières interactions qui, par le passé, auraient été menées par téléphone. Un autre exemple est celui des nombreuses communications de suivi qui peuvent avoir lieu entre les sessions en personne, entre le médiateur et certaines ou toutes les parties.

Enfin, j'ai appris que dans des circonstances appropriées, la médiation en ligne peut être un outil utile et même puissant. Parfois, en particulier dans mon tribunal où les fonds sont souvent limités, nous devons mettre en balance les coûts d'une audience, d'une conférence ou d'une séance de médiation en personne et les avantages probables d'une procédure en personne par rapport à une procédure en ligne. **Il m'est arrivé plus d'une fois de commencer une audience, une conférence de règlement ou une médiation par une session vidéo en ligne, et de prévoir que nous continuerions, si nécessaire, en personne – pour finalement constater que la procédure en ligne était suffisante** pour accomplir la tâche.

Certes, j'apprécie toujours la salle d'audience et la possibilité d'interagir en personne avec les parties, que ce soit lors d'une audience, d'une conférence de règlement à l'amiable ou d'une médiation. Et je respecte toujours le pouvoir du lieu qu'une salle d'audience peut représenter. Mais l'une des leçons que j'ai tirées de la pandémie est qu'il est toujours préférable d'avoir plus d'outils dans sa boîte à outils. Et la médiation en ligne est un outil précieux, voire essentiel, pour tout tribunal qui aspire à disposer des meilleures procédures possibles pour résoudre les litiges.

CHAPITRE III

La place de l'humain face à l'intelligence artificielle, le metavers, le tridimensionnel, le 3d/4d : le nouveau terrain de jeu de la médiation ?

***Gilles-Robert LOPEZ**, ancien Bâtonnier, président de la Chambre nationale des praticiens de la médiation.*

Un communiqué de presse du Médiateur des entreprises indiquait que le recours à la médiation avait été multiplié par 10 pendant la crise COVID.

Les pouvoirs publics présentent la médiation comme un mode incontournable du règlement des différends au XXIe siècle.

Mais quelle sera son évolution dans ce monde en totale et profonde mutation sur le plan de l'intelligence artificielle ?

Peut-on imaginer que la médiation vivra de façon autonome dans cette société qui s'oriente et qui s'ancre dans le « tout digital » ?

On commence d'ailleurs à parler, en faisant référence aux logiques algorithmiques, de médiations « robotisées ».

Les puristes plaident pourtant pour que la médiation constitue le dernier rempart à la distanciation entre les individus. Elle prétend sauvegarder les relations humaines.

N'y a-t-il pas, dans l'affirmation de ces différentes valeurs, des contradictions voire des antinomies à vouloir :

- D'une part, préserver l'éthique et la déontologie,
- D'autre part, utiliser l'IA dans un but d'efficacité, de productivité, voire d'objectivité.

L'article 4.3 de la loi n° 2019-222 du 23 mars 2019 de programmation 2018-2022 et de réforme pour la justice dispose, concernant les services de médiations ou de conciliation en ligne, que le processus ne peut avoir pour seul fondement un traitement algorithmique ou automatisé des données à caractères personnelles.

Faut-il comprendre que la médiation qui utilise une intelligence artificielle doit être obligatoirement organisée sous le contrôle, voire la responsabilité d'un médiateur formé ? Cette disposition législative reste cependant laconique et l'on peut s'interroger sur son adéquation face à la nouvelle révolution que connaît le monde du digital, révolution qui avance à des pas de géant.

Par exemple : Comment ignorer les profondes modifications qui vont intervenir dans les relations humaines avec l'utilisation du metaverse ? la relation se construit dans un espace virtuel qui est partagé en 3D et qui est visuellement perceptible. Les utilisateurs pénètrent dans ce nouveau monde avec l'aide d'outils qui les autorisent à interagir avec d'autres personnes et dans d'autres lieux.

L'intelligence artificielle IA et l'apprentissage automatique AA joueront tous les deux un rôle fondamental dans le développement du metaverse.

L'objectif est de fusionner notre réalité physique avec l'univers numérique.

Aujourd'hui il n'existe pas vraiment de base légale et aucune jurisprudence. Mais on comprend facilement que ces nouveaux dispositifs seront des enjeux de puissance et de domination.

Nous pouvons multiplier les exemples à l'égard d'autres développements numériques : des expériences ont déjà été conduites dans la gestion de certaines relations humaines. Pire, ou « mieux » (?!) des systèmes mettent en place des médiations avec l'aide d'un médiateur virtuel, ou aidé par l'intelligence artificielle, et des médiés sont représentés par leurs avatars.

Comme vous le constatez, beaucoup de questions se posent à nous.

Il nous appartient, voire il est de notre devoir et de notre responsabilité, de nous approprier ces nouvelles technologies. Le monde de demain ne peut se construire sans nous, notre réflexion et notre expérience devront être les remparts contre le totalitarisme numérique.

CHAPITRE IV

Les solutions de restauration par l'IA sont-elles viables ?

***Jordi NIEVA-FENOLL**, professeur de droit procédural, université de Barcelone.*

ABSTRACT : Le processus judiciaire est en crise. C'est pourquoi les propositions de règlement alternatif des litiges se multiplient, bien qu'elles n'aient pas encore, après de nombreuses années, trouvé de solution. L'intelligence artificielle peut être l'une des clés pour sortir de cette triste situation, car l'utilisation de cette technologie dans la médiation peut être vraiment efficace, même en récupérant une partie de la très ancienne fonction réparatrice, aujourd'hui presque perdue, des processus judiciaires.

« Je suis une intelligence artificielle. Je ne peux pas travailler comme médiateur parce que je ne possède pas l'expérience humaine, les émotions et les relations, qui sont cruciales pour travailler comme médiateur. Mes compétences consistent à analyser et à répondre au langage humain en absorbant et en utilisant des informations provenant de différentes sources. Cependant, je peux servir d'outil en fournissant des informations ou en servant de moyen de communication entre les parties en conflit lorsqu'un médiateur humain est présent. En ce sens, je peux contribuer à améliorer la communication entre les parties et faciliter ainsi le processus de médiation ».[1]

1. Introduction

Le processus judiciaire est depuis longtemps en crise. Ce mode de résolution des conflits a probablement vu le jour dans la culture égyptienne, il y a plus de 5 000 ans[2]. Arrivé à Rome par le biais de la culture grecque[3], il avait pour mission de résoudre les conflits au sein de petites communautés, en les éloignant du populisme des anciens processus d'assemblée dans lesquels soit toute la communauté assemblée décidait et jouait le rôle de médiateur, soit un jugement par ordalies était parfois organisé[4]. Un des

---

[1] Extrait de Heetkamp, S.J. ; Piroutek, C., "ChatGPT in Mediation und Schlichtung - Large-Language-Modelle können schon heute in der außergerichtlichen Streitbeilegung unterstützen. Führen sie in Zukunft die Verfahren sogar selbst ?", *Zeitschrift für Konfliktmanagement*, vol. 26, n. 3, 2023, p. 80.

[2] Nieva Fenoll, J., *El origen de la justicia*, Valencia 2023, pp. 110 et suivantes.

[3] Hérodote, *Histoire*, Barcelone (éd. Gredos) 2020, Livre II, notamment § 49 et suivants, pp. 272 et suivantes. Aristote, *La Constitution des Athéniens*, Madrid (éd. Ababa) 2005, § 11, p. 43.

[4] Vid. entre autres Boehm, "Execution within the Clan as an Extreme Form of Ostracism", *Social Science Information*, 24, 1985, p. 311. Fry, D. P., "Conflict management in cross-cultural perspective", cit. p. 339. Malinowski, B., *Crimen y costumbre en la sociedad salvaje*, Barcelona 1982, p. 75.

moyens de se distancier de ce processus a été la création du modèle du juge unique.

Cependant, cette solution ne peut plus répondre aux besoins actuels de la justice si les juges sont impuissants à résoudre les conflits avec l'information et le temps adéquats. Les preuves sont trop souvent soit inexistantes, soit insuffisantes. La charge de la preuve ne résout rien dans un système d'appréciation souveraine[1], et aboutit trop souvent à un résultat trop souvent inéquitable. Enfin, le temps manque pour résoudre un conflit par un jugement bien motivé qui a pesé les allégations, apprécié et évalué correctement les preuves. Nous vivons ce désastre avec résignation ou stupéfaction, ou avec un mélange des deux.

Serait-il possible que l'intelligence artificielle contribue à résoudre notre problème de Justice ? C'est la question que l'on peut se poser, évoquant ainsi un dilemme qui retient l'attention de la doctrine depuis quelques années[2]. Mais le rythme d'introduction de cette technologie dans le système judiciaire est d'une lenteur effrayante et la situa-

---

[1] Nieva Fenoll, "Requiem por la carga de la prueba", *Quaestio Facti*, n. 4, 2023, pp. 39 et suivantes.

[2] J'ai traité le sujet dans Nieva Fenoll, J. *Inteligencia artificial y proceso judicial*, Madrid 2018. Voir également Bonet Navarro, J., "La tutela judicial de los derechos no humanos. De la tramitación electrónica al proceso con robots autónomos ", *Revista CEFLegal*, n. 208 (mai 2018), p. 77 et suivantes, Giampiero, L., " Regulating (Artificial) Intelligence in Justice : How Normative Frameworks Protect Citizens from the Risks Related to AI Use in the Judiciary ", European Quarterly of Political Attitudes and Mentalities, 8(2), 2019, p. 75 et suivantes, https://nbn-resolving.org/urn:nbn:de:0168-ssoar-62463-8. Sourdin, T., *Judges, Technology and Artificial Intelligence, The Artificial Judge*, Cheltenham 2021. Forrest, K. B., *Quand les machines peuvent être juges, jurés et bourreaux. Justice in the Age of Artificial Intelligence*, Singapour 2021. Quattrocolo, S., *Arificial Intelligence, Computational Modelling and Criminal Proceedings*, Springer 2020. Sourdin, T., *Juges, technologie et intelligence artificielle, The Artificial Judge*, Cheltenham 2021. Forrest, K. B., *When Machines Can Be Judge, Jury, and Executioner. Justice in the Age of Artificial Intelligence*, Singapour 2021. Barona Vilar, S., *Algoritmización del Derecho y de la Justicia. De l'intelligence artificielle à la justice intelligente*, Valence 2021.

tion commence à se figer car les pouvoirs publics n'ont pas encore de stratégie pour collecter les données dont l'IA a besoin.

Cependant, l'intelligence artificielle pourrait-elle au moins fonctionner dans le cadre de l'ADR ? Pas exactement dans l'arbitrage, mais dans la médiation et d'autres moyens réparateurs de résolution des conflits, qui ont presque toujours besoin de quelqu'un qui, d'une manière ou d'une autre, non pas communique, mais persuade les parties en conflit[1], ou du moins dynamise leur relation. Cet acteur persuasif pourrait-il être l'intelligence artificielle ? C'est le sujet du présent document.

2. Intelligence artificielle générative

L'année 2023 a vu l'explosion d'une variété d'intelligence artificielle appelée « générative », bien qu'elle ait existé avant[2]. Comme le disait Alan Turing il y a plus de soixante-dix ans[3], la machine interagit avec l'être humain en faisant presque semblant d'agir comme un autre être humain. Elle répond aux questions ou écrit des textes, avec plus ou moins de succès, mais les résultats ont surpris le grand public. Ainsi, ChatGPT, Bard, Llama ou Bing, entre autres, ont atteint une popularité sans précédent et sont déjà utilisés quotidiennement par un si grand nombre de personnes que même les écoles les plus sensées modifient lentement leurs systèmes d'évaluation pour em-

[1] Il en va de même dans le monde des affaires. Filzmoser, M., "Automated vs. Human Negotiation", *International Journal of Artificial Intelligence*, 2010, vol. 4, n. S10, pp. 64 ff.

[2] Ben-Ari, D. / Frish, Y. / Lazovski, A. / Eldan, U. / Greenbaum, D., " L'intelligence artificielle dans la pratique du droit : une analyse et une expérience de preuve de concept ". *Richmond Journal of Law & Technology*, 2017, 23 (2), p. 31.

[3] Turing, A. M., "Computing machinery and intelligence", *Mind* 49, 1950, pp. 433 et suivantes.

pêcher leur utilisation par les étudiants, évitant ainsi qu'un vulgaire plagiat n'apparaisse comme une tâche scolaire[1]. Ce qui est curieux, c'est que ces outils existaient déjà avant l'apparition du Chat GPT. Auparavant, il s'agissait d'applications utilisées un peu *giocandi gratia*, permettant à l'utilisateur de converser, comme par exemple, avec « Siri » ou « Alexa ». Mais soudain leur utilisation s'est banalisée et ces ChatBots ont présenté des versions avancées de moteurs de recherche existants tels que Google ou Bing lui-même, qui non seulement proposaient les sources d'information – en fait, les ChatBots les cachent généralement –, mais répondaient également à la recherche avec des réponses déjà traitées, en écrivant le texte que l'utilisateur aurait pu rédiger comme un résumé de sa propre recherche.

Ces outils travaillent avec une grande quantité de données, comme les moteurs de recherche, qui sont filtrées et affinées en fonction du résultat que l'utilisateur est censé vouloir, exprimant les réponses dans un langage, généralement naturel, parfois avec des erreurs dans la formulation, mais qui sera de plus en plus perfectionné en utilisant des styles d'expression préconçus, en aucun cas créatifs.

D'autres outils sont également génératifs, tels que les outils d'image, mais ils ne sont pas, du moins pour l'instant, pertinents pour le sujet de cette étude. Les subtilités techniques de ces outils ne le sont pas non plus. Il suffit de savoir ce que l'on sait déjà. Le filtrage et l'ajustement des données obéissent à la conception d'un algorithme généré par l'homme, qui régit bien sûr ses possibilités de réponse[2].

---

[1] Nakano, E. "ChatGPT-Wary Universities Scramble to Prepare for New School Year", Bloomberg 15-8-2023.

[2] Cf. Seymour, W., "Detecting Bias : Does an Algorithm Have to Be Transparent in Order to Be Fair ?", 2018, https://ir.shef.ac.uk/bias/pdf/seymour2018detecting.pdf

En ce sens, il est parfaitement possible, par exemple, qu'il privilégie certaines réponses par rapport à d'autres, ou qu'il utilise délibérément un langage qui décourage l'utilisateur de suivre une certaine orientation ou, au contraire, l'attire vers elle. À ce moment-là, l'utilisateur devrait être pleinement conscient qu'il est dépendant de ceux qui ont conçu les algorithmes et qu'il peut, bien sûr, être manipulé. Mais le plus généralement, il y a encore une croyance absurde dans l'objectivité de la recherche, ou de la réponse de l'outil dans le cas de l'intelligence artificielle générative, qui devrait se dissiper avec le temps, avec l'avantage que l'être humain pourra prendre une distance inhabituelle avec le persuadeur qui n'existe pas aujourd'hui entre les gens, si l'humain persuasif gagne leur confiance.

Bien sûr, il est possible pour une machine de progresser dans la présentation objective de ses réponses et aussi de gagner la confiance de tous, même si l'utilisateur conçoit que la machine ne fait en réalité que l'aider à chercher une réponse qu'il élabore lui-même, comme on peut le penser en utilisant les réseaux sociaux. Cependant, à l'avenir, ces jeux virtuels seront soumis à une suspicion constante et devront donc perfectionner les systèmes de génération de la confiance, ce qui n'est pas facile à moyen et long terme.

Dans le passé, la confiance accordée aux médias était basée sur la relation de proximité avec le journaliste, ce qui est plus compliqué pour une machine. Peut-être que quand tout le monde aura compris que l'objectivité de ces outils est presque impossible, on réfléchira davantage avant de prendre en compte les messages. Cela reste à voir. Le prestige d'une application peut aussi générer une confiance écrasante, qui sera trahie dans le futur sans même que l'utilisateur s'en aperçoive.

3. La crise du processus judiciaire : de la compétence à la restauration

C'est dans ce contexte, aussi futuriste qu'actuel, que se pose le défi d'accepter une certaine inadéquation du processus judiciaire comme moyen de résolution des conflits. Personnellement, je suis convaincu qu'avec une dotation adéquate en personnel et en ressources matérielles, ainsi qu'une véritable excellence dans la formation des juges, le processus judiciaire reste un mécanisme tout à fait valable et, fondamentalement, nous devons accepter qu'il nous a servi pendant des millénaires.

Cependant, il existe une caractéristique du processus judiciaire qui, si elle est bien observée, met en échec son utilité. Paradoxalement, cette caractéristique est la sécurité juridique, et plus précisément la certitude accordée par le jugement et son caractère définitif, qui est accordée par la chose jugée. Bien qu'il ait pu en être autrement – en fait, historiquement, il est très probable qu'il en ait été ainsi[1] –, dans notre culture, nous avons voulu que les conflits ne durent pas éternellement, et nous essayons donc de leur donner une solution définitive, bonne ou mauvaise, par le biais du procès. Les parties en conflit doivent se conformer à l'avenir à cette décision, qu'elles le veuillent ou non, dans l'espoir que, vu l'impossibilité de changer la réalité, elles finiront par oublier le conflit et commencer une nouvelle vie.

Il s'agit d'une logique qui, à y regarder de près, n'est pas sans perversité. On dit que la justice doit être rendue en obéissant à la procédure judiciaire : le juge doit veiller à ce que les lois soient respectées dans la sentence, en tant qu'expression de l'accord de la communauté[2]. L'application correcte de la loi a comme préalable la véri-

---

[1] Nieva Fenoll, *El origen de la justicia*, cit. p. 231.
[2] Elster, J., "Norms of Revenge", Ethics, 100, 1990, p. 865.

fication précise de la réalité[1], sans laquelle le juge est aveugle, et ne peut savoir si les faits qu'il croit vrais sont réels. Mais on connait la difficulté d'établir dans un procès la véritable réalité des faits, connue des deux parties, mais pas du juge.

C'est pourquoi les parties ont si souvent un sentiment intime, plus ou moins explicite, d'« injustice » après le jugement. Ce n'est plus la frustration de ne pas avoir gagné le procès, mais le sentiment que le juge n'a rien compris, et qu'en réalité il a seulement essayé de fonder sa décision sur quatre détails qui semblaient objectifs mais qui méconnaissent la véritable réalité de ce qui s'est passé. Comme sous le régime de la preuve légale[2], les juges cherchent désespérément un document qui, au moins en apparence, prouve la réalité : une pure preuve juridique.

Il en va de même pour les messages textuels. Ils contiennent généralement une tranche de réalité qui laisse de côté ce qui s'est passé avant ou après l'événement : l'image ou le message, isolé de son contexte, va étayer l'hypothèse préconçue de la réalité que le juge possédait au début du processus. Dire « je vais le tuer » ne prouve pas forcément que le rédacteur du message soit l'auteur du meurtre.

Il en va de même pour les images (témoignages, expertises, ou comportement de la victime), obtenues dans les moments précédant ou après l'agression, seront retenues par le juge pour étayer l'hypothèse préconçue qu'il avait des faits.

Tout cela est très difficile à prouver, à l'exception de quelques cas d'erreurs judiciaires presque miraculeusement démontrées *a posteriori*[3], qui montrent que l'autorité

---

[1] Taruffo, M., "Idee per una teoria della decisione giusta-, in *Verso la decisione giusta*, Torino 2020, p. 360.

[2] Nörr, *Romanisch-kanonisches Prozessrecht*, Heidelberg 2012, p. 128.

[3] Pour citer le plus récent, STS (2ème chambre) 531/2023, 28-6-2023.

de la chose jugée ne fait parfois que sceller les erreurs judiciaires sans apporter de sécurité juridique, mais tout au contraire un sentiment d'injustice qui envahit la victime, et réjouit l'auteur du manquement.

Existe-t-il une issue ? Jusqu'à présent, nous nous sommes concentrés sur la recherche d'une solution au conflit, en laissant de côté la recherche de ses causes, une question qui était probablement prioritaire dans l'Antiquité dans les processus d'assemblage[1] et qui est certainement pertinente dans la médiation ou la conciliation, qui sont les moyens de composition qui nous restent de ce passé.

4. Médiation ou conciliation : s'applique-t-elle à l'IA ?

La médiation et la conciliation ne sont pas deux moyens différents de résolution des conflits, mais un seul et même[2] moyen. Même si ce sont les parties qui donnent leur accord pour mettre fin au litige, elles ne l'auraient pas fait sans l'intervention du médiateur, qui les a convaincues de ne pas continuer à se battre.

Cette forme de résolution des conflits est ancienne, et se retrouve en fait dans les cultures indigènes du monde entier, y compris dans cette île culturelle qu'est l'Amérique[3] , qui s'est séparée du reste du monde habité il y a entre 14 000 et 11 000 ans[4]. Elle consiste pour les deux parties à exposer leurs griefs devant le groupe. Ce dernier penche progressivement en faveur de l'une ou l'autre, ou

---

[1] Fry, D. P., "Conflict management in cross-cultural perspective", cit. p. 339.

[2] Cfr. Punzi, C., *Mediazione e conciliazione*, Rivista di diritto processuale, vol. 64, n. 4, 2009, pp. 848 et seq. Marques Cebola, C., *La mediación. Un instrumento de solución de conflictos en el siglo XXI*, Universidad de Salamanca 2011, pp. 185 ff.

[3] Vid. largement Jiménez Fortea, J., "El proceso penal de los pueblos indígenas de Latinoamérica. Una visión desde Europa", *Sistemas Judiciales*, année 6, n. 12, 2007, pp. 19 et seq.

[4] Gibbon, G.E., *Archaeology of Prehistoric Native America*, New York 2022.

tente de distraire ou de concilier les deux parties pour qu'elles cessent le conflit, avec l'intervention non pas d'un, mais de plusieurs membres de la communauté en même temps[1]. Il ne s'agit que d'une médiation, qui se termine parfois par une décision du groupe d'expulser – plus ou moins violemment – l'un des opposants, ce qui montre bien que cette médiation est à l'origine du processus judiciaire.

Ces derniers temps, il est devenu courant de réduire la possibilité de mener cette médiation de l'ancien schéma du groupe à celui, actuel, d'une seule personne qui mènerait tout le travail de persuasion. Le problème dont souffre le médiateur est le même que celui que l'on reprochait auparavant aux juges : ils ne connaissent pas vraiment le conflit. Ce n'était pas le cas dans les anciennes médiations. Et c'est pourquoi les propositions de persuasion sont si souvent artificielles et transactionnelles, même si l'on suggère souvent le contraire. Le médiateur finit par proposer des solutions, comme le faisaient certainement les anciens groupes de médiation, mais ces solutions sont basées sur l'une des valeurs les plus identifiées dans notre justice et notre culture : l'équité[2]. D'où la multiplication des offres transactionnelles.

La question est de savoir si, une fois le phénomène persuasif de la médiation compris, l'intelligence artificielle peut s'y appliquer[3]. Pour ce faire, il faut d'abord déterminer si les stratégies de persuasion sont, dans une certaine

---

[1] Malinowski, B., *Crimen y costumbre en la sociedad salvaje*, Barcelone 1982, p. 75.

[2] Aristote, *Éthique à Nicomaque*, Madrid 2005, Lib. V, 10, p. 177.

[3] Rickert, A., "Online-Mediation - was ist das ?", in *Online-Mediation*, Springer Gabler, Wiesbaden 2023. Montesinos García, A., "Inteligencia artificial y ODR", in *Justicia algorítmica y neuroderecho : una mirada multidisciplinar*, pp. 507 ff. Martín Diz, F., "Inteligencia artificial y ADR : evolución en el arbitraje y la mediación", *La Ley. Mediación y arbitraje*, n. 2 (avril-juin), 2020.

mesure au moins, paramétrable et peuvent-elles être compilées de telle sorte qu'une machine puisse les automatiser ?

Il existe déjà plusieurs exemples de ce qui précède, qui pourraient conduire à une réponse apparemment positive. Il existe déjà plusieurs entreprises – Ebay, Amazon, diverses compagnies aériennes, parmi beaucoup d'autres – qui utilisent ce que l'on appelle encore la *résolution des litiges en ligne*, c'est-à-dire que l'entreprise avec laquelle le consommateur a un conflit le contacte pour lui exposer son problème et lui proposer des solutions alternatives qui, d'ailleurs, sont toujours paramétrées. En fait, la marge de réponse de ces acteurs commerciaux est assez limitée, mais la vérité est qu'ils résolvent des conflits dont le problème de base – souvent une simple erreur – est révélé par une brève conversation qui évite un processus juridique coûteux[1].

Il n'est pas toujours possible d'automatiser une telle correction d'erreurs en la confiant à une intelligence artificielle, qui pourrait en venir à constater son comportement pour ce qu'elle est : une machine. En effet, les réponses des participants humains à ces ODR sont si extrêmement limitées qu'elles ressemblent à des machines, passant le test de Turing, mais curieusement en sens inverse. Quand on parle de cette question, on oublie que ces personnes en chair et en os ont une dose de volontarisme qui implique la créativité, qui reste le patrimoine de l'être humain. Créativité qui n'est d'ailleurs pas facilement paramétrable, car, si les conflits dans certains secteurs sont souvent identiques et systématiquement prévisibles, en des occasions qui ne sont certainement pas isolées, l'interlocuteur de l'entreprise est amené à réfléchir, à accepter la solution

---

[1] Plus largement, Martín Diz, F., "Inteligencia artificial y ADR : evolución en el arbitraje y la mediación", *La Ley. Mediación y arbitraje*, n. 2 (avril-juin), 2020, pp. 20 et s.

proposée par le consommateur ou à en improviser une nouvelle qui soit acceptable par les contraintes économiques et culturelles de l'entreprise. Il est difficile pour une machine, du moins dans un avenir relativement proche, d'agir de la sorte.

Nous oublions également que la persuasion passe parfois par l'élément émotionnel. L'interlocuteur de l'entreprise est en empathie avec l'utilisateur, ce qu'une machine ne fera jamais. La machine pourrait-elle délivrer des messages qui dissuaderaient le consommateur d'entamer une procédure judiciaire ? Certainement oui, puisque le même effet est déjà obtenu par les très nombreux panneaux d'interdiction qui existent depuis longtemps dans notre vie quotidienne. Et, bien sûr, un panneau n'est pas non plus un être humain. Depuis des années, des psychologues utilisent des outils d'intelligence artificielle pour interagir avec des personnes autistes, et il a déjà été confirmé que les machines parviennent à établir un lien plus étroit avec ces personnes que les êtres humains.[1]

Il faut reconnaître que la machine peut offrir des messages persuasifs qui suggèrent des solutions au conflit ou qui inspirent des émotions. Et tant que ces messages ne sont pas absolument prévisibles par l'utilisateur au point d'être risibles, ils peuvent fonctionner et satisferont l'utilisateur parce que c'est la réponse qu'il attend et qui résout son problème.

Par conséquent, s'il s'agit essentiellement d'envoyer des messages qui résolvent efficacement le conflit ou persuadent les parties au litige, l'intelligence artificielle peut les aider dans la mesure où ces messages peuvent être compilés et, par conséquent, paramétrés. Nous verrons

---

[1] Larson, D. A., "Artificial Intelligence : Robots, Avatars, and the Demise of the Human Mediator", *Ohio State Journal on Dispute Resolution*, Vol. 25, 2010, pp. 117-118.

plus loin dans quelle mesure une telle approche est techniquement réalisable.

5. Collecte de données : déterminer les causes du conflit

Certaines entreprises fonctionnent déjà avec l'ODR parce que leurs conflits sont presque toujours les mêmes et que les solutions sont facilement accessibles. Ainsi, le paramétrage de l'empathie est simple pour les personnes qui affirment, par exemple, avoir passé six heures dans un aéroport sans manger en attendant un autre vol que la compagnie pour une raison quelconque – également paramétrée – n'a pas pu leur offrir.

Mais pour les autres litiges, en général, le paramétrage est beaucoup plus complexe, mais possibles, lorsque la plupart des désaccords sont déjà connus à l'avance. Dans les litiges matrimoniaux, l'élément émotionnel est souvent au premier plan, de sorte qu'une démonstration de cette émotion, qui ne cherche qu'à détruire le contestataire, pourrait être efficace pour dénouer le conflit. Ou encore le recours à la faible valeur de ce qui est réclamé par rapport à l'importance d'avoir un accord adéquat réglant les relations après la rupture.

Dans les procédures civiles dans lesquelles l'élément patrimonial est généralement le contexte principal, ce qui est le cas de la grande majorité d'entre elles, la visualisation des chances de gagner et de perdre la procédure est généralement aussi très convaincante, mettant en évidence les difficultés de preuve ou d'interprétation juridique qui peuvent conduire un juge à une décision défavorable. En d'autres termes, dans les procédures civiles, l'incertitude est l'une des meilleures alliées de la persuasion.

En revanche, dans le cadre d'une procédure pénale, la recherche de l'auteur d'un délit constitue généralement l'élément principal de l'accusation, comme on peut s'y attendre. À cet égard, on ne s'est pas trop éloigné du schéma ancestral, qui cherchait avant tout à localiser le pécheur, c'est-à-dire celui qui s'était déshonoré en violant les règles du groupe[1].

Cette stratégie d'identification du « mal » susceptible de détruire la communauté a souvent laissé de côté la recherche des causes de la commission du délit. Il s'agit d'essayer de savoir si la personne a commis l'acte illégal sous l'effet de stimuli socioculturels induits par une éducation insuffisante ou par la prolifération dans son environnement d'exemples contraires au respect de la règle, parmi beaucoup d'autres causes possibles de l'acte criminel. La recherche de ces causes est souvent au centre de la période pénitentiaire, le sujet étant censé découvrir pourquoi il a commis l'infraction, dans le but de ne pas la répéter, créant ainsi une sorte de réflexe conditionné chez le sujet.

Une application d'intelligence artificielle qui se veut efficace devrait commencer par collecter les causes de la criminalité, ou les violations du droit civil qui conduisent une personne, par exemple, à ne pas payer. Parfois, il s'agira des difficultés financières de son entreprise. Dans ce cas, il sera plus facile de chercher un soutien pour son entreprise que de la forcer à payer, ce qui la ruinerait. Dans d'autres cas, les délais du système judiciaire seront exploités pour obtenir des retards de paiement, une conduite déloyale qui devrait être corrigée par la suspension de l'activité commerciale si la mauvaise foi est démontrée. L'activité prédatrice des grandes entreprises qui abusent des consommateurs peut également être mise au jour par des organes administratifs et des associations de consommateurs.

---

[1] Vid. Nieva Fenoll, *El origen de la justicia*, cit. pp. 68 et suivantes.

Il est relativement simple de compiler ces causes de conflit, de sorte qu'une application d'intelligence artificielle puisse les identifier avec facilité et créer des solutions pour résoudre le conflit spécifique, en essayant d'éviter qu'il ne se reproduise à l'avenir.

6. Créer des solutions aux conflits

C'est précisément la tâche ultime de ceux qui ont l'intention de créer une application d'intelligence artificielle à des fins réparatrices. Il est non seulement nécessaire d'identifier les raisons du malentendu, mais aussi d'y remédier. En ce sens, différentes alternatives sont possibles.

La première option est de donner le droit à celui qui a le droit, comme le veut un processus judiciaire. Il s'agit également d'une solution réparatrice si le tribunal a l'*auctoritas* pour les parties. L'intelligence artificielle, bien qu'elle puisse aider dans les cas complexes, ne rendra pas le jugement. Par conséquent, d'autres options plus paramétrables devraient être envisagées.

Une autre possibilité consiste à partir de ce qui est susceptible d'unir les deux parties : la reconnaissance de l'existence d'un conflit, et la volonté d'y mettre fin de part et d'autre. Si l'existence du conflit a été reconnue et ses causes identifiées, il sera probablement plus facile d'y remédier. Si ces causes sont légitimes, il faudra proposer une solution qui favorise ceux qui ont cette légitimité de leur côté. Dans le cas contraire, il faudra activer une batterie de dissuasions pour décourager le sujet conflictuel. Ces deux questions peuvent être traitées par une application d'intelligence artificielle. Il n'est pas difficile d'énumérer les inconvénients à court, moyen et long terme du maintien d'un conflit.

Une troisième et, pour l'instant, dernière possibilité consiste à mettre les parties séparément devant leurs propres motivations. Pourquoi pensez-vous avoir raison ? On lui présente alors des arguments alternatifs pour essayer de briser son immobilisme. On lui présente de l'opposition. Bien entendu, une machine peut remplir cette mission[1] mieux encore qu'un être humain, en ce sens que les participants n'essaieront pas de convaincre la machine qui se contente d'anticiper froidement les obstacles au maintien de leur position, en les informant des options légales et jurisprudentielles, sans aucune passion ni conflit d'intérêts[2]. Le doute ainsi provoqué chez les deux parties les prédisposera à céder. La sécurité qu'ils ressentent dans leurs propres positions est altérée. En outre, la machine, contrairement à l'être humain, ne se fatigue pas et dispose donc de tout le temps nécessaire, aussi longtemps que le sujet en a besoin[3]. Un autre avantage est l'apparente neutralité de la machine et son l'impartialité[4], même si cette neutralité effective dépend de l'honnêteté du développeur de l'algorithme.

À l'exception de la première option, les deux autres décrivent une activité qui peut déjà être réalisée par des applications d'intelligence artificielle générative, comme on peut le constater en examinant l'une ou l'autre d'entre elles. Il s'agirait de construire une application un peu plus modeste que les applications généralistes existantes, spécialisée dans la résolution de conflits dans différents do-

---

[1] Vid. Montesinos García, A., "Inteligencia artificial y ODR", cit. pp. 516 et suivantes, en particulier pp. 518-519.

[2] Sarita, et Harsh Kumar, "Mediation and Artificial Intelligence : Future of Dispute Resolution", *International Journal of Law Management & Humanities*, 4, 2021, pp. 1472 et suivantes.

[3] Larson, "Artificial Intelligence : Robots, Avatars, and the Demise of the Human Mediator", cit. pp. 161-162.

[4] Wambach-Schulz, M. K., "Mediation und Künstliche Intelligenz", IUBH Discussion Papers - Sozialwissenschaften No. 2/2021, pp. 4 ff.

maines, jusqu'à atteindre une application plus universelle. Cela ne devrait pas être difficile, mais le temps et la volonté des gouvernements et des entreprises diront si cela est réalisable dans un avenir proche au-delà de ce qui existe déjà[1].

[1] Vid. Montesinos García, A., "Inteligencia artificial y ODR", cit. pp. 516 et suivantes.

CHAPITRE V

Le règlement extrajudiciaire des litiges de consommation en Allemagne

Félix BRAUN, *directeur du service fédéral de REL de la consommation, Universalschlichtungsstelle des Bundes, à Kehl.*

Conformément à la directive 2011/13/UE, les entités ADR pour les litiges relatifs aux contrats de consommation doivent être accessibles en ligne. Actuellement, l'Universalschlichtungsstelle des Bundes (entité résiduelle de règlement extrajudiciaire des litiges) reçoit environ 95 % des demandes en ligne, 75 % par le biais d'un formulaire web et environ 20 % par e-mail. L'offre répond donc à un vrai besoin. Mais les réflexions vont plus loin : formulaires de cas spécifiques pour les constellations de cas fréquentes, traitement (partiellement) automatisé des

cas et exploration du potentiel de l'intelligence artificielle. Tout cela notamment dans le but que l'utilisation de la technique et les gains d'efficacité qui en découlent placent davantage l'être humain au centre de la procédure.

Comme dans tous les États membres de l'Union européenne, la transposition de la directive 2013/11/UE relative au règlement extrajudiciaire des litiges (REL) de consommation a fait que l'Allemagne dispose d'un système d'entités REL pour quasiment tous les litiges découlant d'un contrat de consommation. Ces entités doivent être accessibles en ligne. Actuellement, l'Universalschlichtungsstelle des Bundes (entité résiduelle de règlement extrajudiciaire des litiges) reçoit environ 95 % des demandes en ligne. L'offre répond donc à un vrai besoin. Mais les réflexions en termes de numérisation vont plus loin : formulaires de cas spécifiques pour les constellations de cas fréquentes, traitement (partiellement) automatisé des cas et exploration du potentiel de l'intelligence artificielle. Tout cela, notamment, dans le but que les gains d'efficacité qui s'ensuivent placent davantage l'être humain au centre de la procédure.

La directive et sa transposition en droit national

La directive veut assurer que pour la quasi-totalité des litiges survenant à la suite d'un contrat entre un professionnel et un consommateur, il existe une possibilité de passer par une entité REL pour le résoudre.

Pourtant, la directive REL ne préconise pas de méthode unique. Typiquement, on va trouver la conciliation, la médiation et l'arbitrage, mais toutes formes hybrides sont également concevables. Aussi, les entités REL peuvent être organisées différemment.

Par exemple, en France, il existe 86 médiateurs de la consommation accrédités par la Commission d'évaluation et de contrôle de la médiation de la consommation (CECMC). Ce sont des médiateurs publics, d'entreprise, adossés à une fédération ou une association avec des missions spécifiques et sectorielles. Mais il existe aussi des associations ou sociétés de médiateurs ainsi que des commissions proposant une médiation collégiale et avec un champ d'application vaste.[1]

La transposition en Allemagne

En Allemagne, il existe un total de 28 entités de résolution extrajudiciaires de litiges, appelées « Verbraucherschlichtungsstellen ». Ces entités sont reconnues en vertu de la loi sur le REL de consommation, le « Verbraucherstreitbeilegungsgesetz » (VSBG), loi qui transpose la directive REL en droit allemand.[2] Le « Bundesamt für Justiz » (Office fédéral de la Justice) est compétent pour l'approbation et du contrôle des « Verbraucherschlichtungsstellen ».[3]

En ce qui concerne la méthode REL, en Allemagne, c'est la conciliation qui est majoritairement utilisée ce qui correspond d'ailleurs au mot « VerbraucherSCHLICHTUNGsstelle ». Ces termes n'étant pas définis de manière uniforme au niveau européen, il convient de donner des définitions selon le droit allemand. Toutes les procédures ont en commun le fait qu'un tiers neutre intervient :

---

[1] https://www.economie.gouv.fr/mediation-conso/mediateurs-references

[2] Cette loi peut être consultée en ligne sous le lien : https://www.gesetze-im-internet.de/vsbg/ ; une version anglaise est également disponible : https://www.gesetze-im-internet.de/englisch_vsbg/.

[3] Une liste de toutes les « Verbraucherschlichtungsstellen » en matière de consommation peut être consultée sous le lien suivant : https://www.bundesjustizamt.de/DE/Themen/Buergerdienste/Verbraucherstreitbeilegung/Verbraucherschlichtungsstellen/Uebersicht_node.htm; ou en français via la plate-forme ODR https://ec.europa.eu/consumers/odr/main/?event=main.adr.show2

- Dans une **conciliation** (Schlichtung), l'entité compétente propose elle-même une solution qui, conformément au § 19 VSBG, doit être accompagnée d'une appréciation juridique. Les parties en litige sont libres d'accepter ou de rejeter la solution proposée.
- Dans les procédures d'**arbitrage** (Schiedsverfahren), la solution proposée est contraignante, mais avec les restrictions prévues aux articles 10 et 11 de la directive ; en Allemagne, seule l'entreprise peut d'ailleurs être obligée d'accepter la solution, § 5 al. 2 VBSG.
- Enfin, dans une **médiation, toujours** au sens allemand (Mediation), le médiateur intervient en organisant l'échange avec les parties par des techniques de communication afin que celles-ci trouvent elles-mêmes une solution.

Certains secteurs sont ainsi couverts par des entités REL spécialisées telles que la söp_Schlichtungsstelle für den öffentlichen Personenverkehr (transports publics/voyage) ou le Versicherungsombusmann (assurances), mais il reste un grand nombre d'activés économiques sans offre REL spécifique. Cependant, selon l'article 5 de la directive REL, il doit y avoir une offre quasi complète, les États membres pouvant satisfaire à cette obligation en assurant l'existence d'une entité de REL résiduelle, compétente pour traiter les litiges qui ne relèvent d'aucune entité de REL spécifique existante. En Allemagne, cette fonction est assurée par la « Universalschlichtungsstelle des Bundes », actuellement d'ailleurs complétée par une autre entité générale dotée d'un large champ de compétences et proposant également de la médiation (au sens allemand défini ci-dessus), la « Außergerichtliche Streitbeilegungsstelle für Verbraucher und Unternehmer e.V. ».

La « Universalschlichtungsstelle des Bundes » (www.universalschlichtungsstelle.de) a été instaurée par la loi et est financée par l'État. Elle perçoit des frais de procédure allant de 40 à 800 euros payés par les entreprises qui y participent ; la démarche est strictement volontaire. Ces frais de procédure sont entièrement reversés à l'État. La compétence de la « Universalschlichtungsstelle des Bundes » est évolutive, car elle est strictement subsidiaire. Si une nouvelle « Verbraucherschlichtungsstelle » spécifique voit le jour, la compétence de la « Universalschlichtungsstelle des Bundes » s'éteint pour ce champ spécifique. Si, par contre, une des « Verbraucherschlichtungsstellen » devait cesser son activité, la compétence de « l'Universalschlichtungsstelle des Bundes » reprend immédiatement.

En outre, « l'Universalschlichtungsstelle des Bundes » a une fonction de pilotage. Cela signifie que si une demande a été déposée et qu'il s'avère qu'une autre entité REL est compétente, « l'Universalschlichtungsstelle des Bundes » ne se contente pas de rejeter la demande, mais elle indique l'entité REL compétente. De toute façon, la facilité et la disponibilité du service sont les fils conducteurs du règlement extrajudiciaire des litiges.

Pour les consommateurs, la procédure devant toutes les « Verbraucherschlichtungsstellen » est gratuite – sauf si le recours est considéré comme étant abusif. Dans ce cas, un maximum de 30 euros peut être facturé. Cependant, les exigences en la matière sont très élevées. Une réclamation qui n'est finalement pas fondée peut évidemment être introduite, car justement, les consommateurs ne sont généralement pas des experts juridiques et n'ont pas une vue d'ensemble de la situation juridique. Dans la pratique, les abus ne jouent pas vraiment un rôle et c'est une bonne chose à tous les égards. Notamment aussi, parce qu'elle montre en pratique que les consommateurs, du moins pour le moment, n'utilisent pas les entités REL de manière malveillante contre les entreprises – ce qui était une crainte de plusieurs professionnels lorsque la directive a été instaurée.

La saisine de l'entité REL peut se faire en tout état de cause par le consommateur. La loi allemande autorise également les procédures initiées par les entreprises. Cela signifie que les « Verbraucherschlichtungstellen » peuvent prévoir ceci explicitement dans leurs propres règles de procédure. Toutefois, l'objectif principal de la « Universalschlichtungsstelle des Bundes » est de veiller à ce que les consommateurs aient accès au règlement extrajudiciaire dans toute l'Allemagne. C'est précisément dans ce but que la « Universalschlichtungsstelle des Bundes » a été créée et est financée par l'État.

Les entités REL allemandes – chiffres actuels et un fort potentiel

Le recours aux « Verbraucherschlichtungsstellen » n'est pas obligatoire avant toute saisine de la justice. Néanmoins, en 2020, plus de 100 000 demandes ont été reçues par les 28 « Verbraucherschlichtungsstellen » ; c'était certes un record dû à la pandémie et des problèmes en droit de la consommation s'y référant, mais le niveau reste élevé avec environ 80 000 à 85 000 demandes par an en moyenne. [1] Avant l'entrée en vigueur de la loi « Verbraucherstreitbeilegungsgesetz » en 2016, le niveau était d'environ 60 000 demandes annuelles.[2]

---

[1] https://www.schlichtungs-forum.de/neuigkeiten/der-amtliche-verbraucherschlichtungsbericht-2022-liegt-vor/, https://www.schlichtungs-forum.de/neuigkeiten/verbraucherschlichtung-tritt-auf-der-stelle/-

[2] Bundestags-Drucksache 18/5089, p. 42.

Par ailleurs, une vaste étude sur l'utilisation des tribunaux civils commandée par le Ministère fédéral de la Justice allemand a récemment établi que l'offre de REL n'empêche en principe personne d'entamer une procédure judiciaire, mais qu'elle comble justement une lacune pour les cas qui ne seraient de toute façon pas portés devant les tribunaux. [1] Elle améliore ainsi l'accès à la justice. D'autres rapports vont également en ce sens et soulignent en outre la perception positive de la REL par la population.[2] Il est également constaté qu'une procédure judiciaire représente un obstacle pour de nombreuses personnes, notamment parce que les chances de succès ne peuvent pas être évaluées, que les (risques de) coûts sont perçus comme relativement élevés et que les procédures sont trop longues. [3] La charge mentale est également citée comme une raison d'éviter une procédure judiciaire.[4]

Compte tenu de ces éléments, la REL a un potentiel bien plus important que les 80 à 100 000 cas par an.

Cela s'ajoute au fait que de nombreux cas identiques ou similaires peuvent survenir en très peu de temps, par exemple à la suite d'une jurisprudence nouvelle sur une question qui concerne des milliers de contrats ou lors de phénomènes comme le scandale du « Dieselgate ».

---

[1] Meller-Hannich/Höland/Nöhre, Abschlussbericht zum Forschungsvorhaben „Erforschung der Ursachen des Rückgangs der Eingangszahlen bei den Zivilgerichten", April 2023
https://www.bmj.de/SharedDocs/Downloads/DE/Fachinformationen/Abschlussbericht_Eingangszahlen_Zivilgerichte.pdf?__blob=publicationFile&v=1, p. 336.

[2] Creutzfeldt/Steffek, Abschlussbericht zur Funktionsweise der Allgemeinen Verbraucherschlichtungsstelle und der Universalschlichtungsstelle des Bundes in Kehl, Februar 2021, BT-Drucksache 19/27025, p. 2, Roland Rechtsreport 2022, 20220222-rechtsreport_2022.pdf (roland-rechtsschutz.de) p. 20 ss.

[3] Comme 6, p. 340.

[4] Comme 6, p. 319.

L'importance de la numérisation

Comme déjà mentionné plus haut, toutes les entités REL doivent être accessibles en ligne et une communication électronique doit être possible, comme le prévoit l'article 5 par. 2 lit a) et d) de la directive. Ainsi, une orientation numérique était déjà prévue dès le départ, même si elle était limitée.

De nombreuses entités REL sont allées plus loin et proposent des formulaires structurés de dépôt de plainte en ligne. Ceux-ci constituent d'une part une « check-list » pour les personnes qui ne sont pas familiarisées avec le droit, et d'autre part, une aide pour les entités REL.

Au-delà de ces possibilités de structuration à l'aide du numérique, on peut penser à des outils « legal tech » voire AI, allant d'une recherche automatique d'avis de conciliation déjà rendus pour solutionner les cas de manière similaire ou des aides plus ou moins automatiques à la rédaction de textes.[1]

Cela facilite une pratique uniforme, économise des ressources et rend les procédures plus rapides. Ce dernier point semble particulièrement important, étant donné que des processus automatisés de résolution des conflits sont de plus en plus proposés par des prestataires privés, qui ne sont toutefois pas nécessairement soumis aux exigences de la directive REL, notamment la neutralité, la gratuité ou au moins un faible coût, et, dans le cas de la conciliation selon le droit allemand, la qualité juridique.

Aussi, la REL, en matière de droit de la consommation, pourrait être un champ d'essai idéal pour la « legal tech » bénéfique à la justice en général, d'autant plus que la directive ADR et les lois de transposition telles que le Verbraucherstreitbeilegungsgesetz règlent moins de choses en

---

[1] Braun/Burr/Klinder, Digitalisierung und Zivilverfahren, § 24, p. 564 ss.; Meier/Marschner, ZKM 2021, p. 245 ss.

comparaison p.ex. à la Zivilprozessordnung (Code de procédure civile) : le cadre est plus souple pour essayer. À noter que l'avis de conciliation est réservé à des êtres humains avec un niveau de formation en droit le plus élevé (2e examen d'État), comme le stipulent § 6 et 19 § VSBG. À noter aussi que le gain d'efficacité et de qualité peut être utilisé pour des interventions humaines où elles sont effectivement bénéfiques, p.ex. dans une communication adéquate aux usagers, facilitant l'accès à la justice, une clé de voûte de la conception REL.

SYNTHÈSE

Sarah HARTMANN-LOMBARD

Dans « Écologie, Environnement, Intelligence artificielle et Médiation », nous avons exploré la complexité et la richesse de la médiation environnementale, ainsi que le rôle croissant de l'intelligence artificielle dans ce domaine.

La première partie de l'ouvrage a mis en lumière l'importance cruciale de la médiation écologique dans la quête d'un équilibre entre les êtres humains, les autres espèces et l'environnement. Les différents chapitres ont révélé les multiples facettes de la médiation, que ce soit dans la gestion du dialogue territorial, l'intégration des intérêts de toutes les parties prenantes, ou encore l'importance de considérer les êtres vivants non humains dans nos projets environnementaux.

Dans la seconde partie, nous avons plongé dans le monde de l'intelligence artificielle et ses implications dans le domaine de la médiation. L'examen des nouvelles technologies, telles que la médiation en ligne, le métavers et les environnements tridimensionnels, a souligné les potentiels et les défis que ces outils apportent à la médiation. Cette partie a également évoqué des questions éthiques et pratiques liées à l'application de l'IA dans la résolution des conflits.

Cet ouvrage propose une réflexion profonde sur la manière dont la médiation environnementale et l'intelligence artificielle peuvent converger pour favoriser un avenir plus harmonieux et durable. Il met en exergue la nécessité d'une coexistence respectueuse et équilibrée entre les êtres humains, la nature et les technologies émergentes. Il appelle à une prise de conscience collective et à une action concertée pour construire un avenir où la technologie et l'environnement coexistent en harmonie, au service du bien-être de toutes les formes de vie.

DES MÊMES AUTEURS
AUX ÉDITIONS L'HARMATTAN

Béatrice Blohorn-Brenneur :

- *Stress et souffrance au travail, un juge témoigne,* 2 010.
- *Du désamour au divorce – Jugement, conciliation, médiation,* 2 013
- *La médiation pour tous dans l'espace OHADA et en Afrique de l'Ouest,* 2 018
- *Lettre à Michel – Témoignage,* 2 019
- *La médiation pour tous en France, Comment gérer relations et conflits ? Guide pratique et cadre juridique,* 2 023

GEMME-France :

- *Panorama des médiations du monde,* Dir. Béatrice Blohorn-Brenneur, 2 010
- *Guide pratique de la médiation et de la conciliation judiciaires*, 2 012.
- *Conciliation et médiation prud'homales,* 2 013
- *Conciliation et médiation commerciales*, Dir. Béatrice Blohorn-Brenneur, 2 014
- *Le médiateur professionnel en action et en mots*, Éric Battistoni, Fédérica Oudin, Michèle Lenoble, 2 014
- *Conciliation et médiation devant la juridiction administrative* – Actes du colloque du Conseil d'État du 17 juin 2015, Dir. Béatrice Blohorn-Brenneur et Jacques Biancarelli, 2 015
- *La médiation, un chemin de paix pour la justice en Europe – GEMME, 10 ans déjà.. !,* Dir. Béatrice Blohorn-Brenneur et Dragos Calin, 2 015
- *Les nouveaux enjeux de la médiation administrative, judiciaire et conventionnelle, à distance, environnementale, interculturelle* – La certification des médiateurs, Actes du colloque de Nice 3 et 4 juillet 2015, Dir. Béatrice Blohorn-Brenneur, 2 016

- *Médiation obligatoire ou médiation volontaire, Actes du colloque de La Rochelle,* Dir. Béatrice Blohorn-Brenneur et Myriam Bacqué, 2 016
- *Développer une culture de la médiation – dans les différents continents – devant les juridictions judiciaires et administratives,* Dir. Béatrice Blohorn-Brenneur et Claude Czech, 2 019
- *Médiation, cultures et religions, de l'esprit à la méthode*, Dir. Béatrice Blohorn-Brenneur, 2 020
- *Les sources spirituelles de la médiation,* Dir. Béatrice Blohorn-Brenneur, 2 022
- *Sagesses du monde et médiation,* Dir.
- *Médiation et institutions européennes, GEMME 20 ans déjà ! Dir* Béatrice Blohorn-Brenneur, avec la collaboration de François Staechelé et Sarah Hartmann-Lombard, 2 023.

Structures éditoriales du groupe L'Harmattan

L'Harmattan Italie
Via degli Artisti, 15
10124 Torino
harmattan.italia@gmail.com

L'Harmattan Hongrie
Kossuth l. u. 14-16.
1053 Budapest
harmattan@harmattan.hu

L'Harmattan Sénégal
10 VDN en face Mermoz
BP 45034 Dakar-Fann
senharmattan@gmail.com

L'Harmattan Cameroun
TSINGA/FECAFOOT
BP 11486 Yaoundé
inkoukam@gmail.com

L'Harmattan Burkina Faso
Achille Somé – tengnule@hotmail.fr

L'Harmattan Guinée
Almamya, rue KA 028 OKB Agency
BP 3470 Conakry
harmattanguinee@yahoo.fr

L'Harmattan RDC
185, avenue Nyangwe
Commune de Lingwala – Kinshasa
matangilamusadila@yahoo.fr

L'Harmattan Congo
219, avenue Nelson Mandela
BP 2874 Brazzaville
harmattan.congo@yahoo.fr

L'Harmattan Mali
ACI 2000 - Immeuble Mgr Jean Marie Cisse
Bureau 10
BP 145 Bamako-Mali
mali@harmattan.fr

L'Harmattan Togo
Djidjole – Lomé
Maison Amela
face EPP BATOME
ddamela@aol.com

L'Harmattan Côte d'Ivoire
Résidence Karl – Cité des Arts
Abidjan-Cocody
03 BP 1588 Abidjan
espace_harmattan.ci@hotmail.fr

Nos librairies en France

Librairie internationale
16, rue des Écoles
75005 Paris
librairie.internationale@harmattan.fr
01 40 46 79 11
www.librairieharmattan.com

Librairie des savoirs
21, rue des Écoles
75005 Paris
librairie.sh@harmattan.fr
01 46 34 13 71
www.librairieharmattansh.com

Librairie Le Lucernaire
53, rue Notre-Dame-des-Champs
75006 Paris
librairie@lucernaire.fr
01 42 22 67 13

www.ingramcontent.com/pod-product-compliance
Lightning Source LLC
LaVergne TN
LVHW021211061026
849535LV00008B/2687
* 9 7 8 2 3 3 6 4 4 4 4 6 8 *